ÉTUDE

SUR LE

PATOIS CRÉOLE

MAURICIEN

Par M. C. BAISSAC

(DE L'ILE MAURICE)

NANCY

IMPRIMERIE BERGER-LEVRAULT ET Cie

11, rue Jean-Lamour, 11

—

1880

8°
1772

ÉTUDE

SUR LE

PATOIS CRÉOLE

MAURICIEN

NANCY, IMPRIMERIE BERGER-LEVRAULT ET Cie.

TO

GEORGE FERGUSON BOWEN

G. C. M. G.,
GOVERNOR AND COMMANDER IN CHIEF
IN AND OVER THE ISLAND OF MAURITIUS AND ITS DEPENDENCIES,
AND VICE-ADMIRAL OF THE SAME,

This book is respectfully dedicated.

ÉTUDE

SUR LE

PATOIS CRÉOLE

MAURICIEN

Par M. C. BAISSAC

(DE L'ILE MAURICE)

NANCY

IMPRIMERIE BERGER-LEVRAULT ET Cie

11, rue Jean-Lamour, 11

—

1880

INTRODUCTION.

Le 29 septembre 1715, Guillaume Dufresne, capitaine commandant le vaisseau *le Chasseur*, prenait, au nom du roi de France, possession de l'île Mauritius, alors déserte, et lui donnait, « suivant l'intention de Sa Majesté, le nom de l'isle de France », que les Anglais, après leur conquête, lui enlevaient en 1810, pour lui rendre définitivement celui de Mauritius.

Dès la première heure de l'occupation française, des esclaves noirs y furent introduits de Madagascar [1], et le patois créole commença. Ce qu'il fut dans ses premières années, c'est ce qu'il nous est impossible

---

1. Lettre du père Ducros, de 1722 probablement.

de savoir, puisqu'il n'en est pas même fait mention dans les rares écrits qui nous restent de cette époque; mais l'induction nous permet de supposer que le malgache y entrait dans une proportion considérable. A mesure que se prononçait l'évolution qui doit, avec le temps, faire rentrer le créole dans le français, le mot malgache cédait la place à son synonyme européen, et quelques noms de plantes, d'animaux ou d'ustensiles primitifs sont aujourd'hui les seuls vestiges du vocabulaire malgache dans le créole.

Alors que, partout ailleurs, les langues, ayant du temps devant elles, sont sorties d'un long et patient travail de reconstruction à l'aide de matériaux fournis par la langue mère et remaniés dans une série de changements gradués au point d'en être presque insensibles, le créole, au contraire, dut naître, du jour au lendemain, de la nécessité impérieuse qui s'imposait aux maîtres et aux esclaves de se créer, au plus tôt et coûte que coûte, un instrument d'échange quel qu'il fût. L'esclave dut apprendre la langue du maître et la parler à l'instant.

Mais, moins encore que les barbares germains à l'heure où la conquête les établissait sur la terre romaine, nos esclaves n'étaient aptes à se servir de l'outil délicat qu'une civilisation vieille de douze siècles avait lentement perfectionné pour son usage. Ces rapports exacts des mots entre eux, ce luxe de modifications dans leur forme ou leur désinence suivant leur place ou leur fonction, ces articulations aussi souples que variées entre les différentes parties de la proposition ou les différents membres de la phrase, tous ces ressorts, tous ces rouages, autant d'entraves qu'ils devaient nécessairement briser, et qu'ils brisèrent.

Ainsi désagrégée par des mains malhabiles, la proposition française laissa tomber un à un tous ces mots, et, dans son impuissance à les rattacher entre eux par quelque lien nouveau, le créole, se fiant sur leur récente cohésion, se borna à les remettre sommairement debout, côte à côte et vaille que vaille, dans l'ordre même où les avait placés le français. Où le français — et c'est du français familier seul que nous avons à nous occuper ici — où le français disait : Le père de M. Paul est un grand propriétaire du quartier de Moka, le créole supprimant toutes les articulations traduisit : *Papa Moussié Pôl grand zhabitant quartier Moka*. On le voit, comme procédé de construction, c'est rudimentaire ; nous en sommes au mur en pierres sèches, à la juxtaposition pure et simple de matériaux plus ou moins ébréchés dans leur chute.

Un tel système peut-il permettre l'érection d'un édifice quelconque ? Hélas ! à peine d'une humble, d'une bien humble bâtisse; et encore, à la condition expresse qu'elle n'ait pas l'ambition de s'élever à plus de quelques pieds au-dessus du sol.

Modeste est le rôle de l'historien d'une telle langue, et son espérance d'intéresser circonscrite à l'étroit horizon de son étude. Si même, auprès de quelques-uns, il fallait une excuse à son œuvre, il leur dirait d'abord qu'il est Mauricien, et que rien du pays natal ne saurait être indifférent à un homme; d'autre part, qu'en ce temps d'investigations passionnées dans toutes les directions, quelques curiosités pourront trouver leur compte à cette enquête minutieuse et sincère; enfin, que le patois créole, toutes bornées qu'en sont les ressources, n'en est pas moins le commun moyen d'échange entre les différentes races d'une population de 400,000 âmes émigrée du cœur de la civilisation ou des confins mêmes de la barbarie : Anglais, Français, Indiens de toutes les provinces de la péninsule, Africains¹ de toute la côte orientale du continent, Chinois, Arabes, Malais, Persans, incapables de converser de peuple à peuple dans une de leurs langues particulières, se rencontrent forcément à Maurice sur le terrain convenu du parler créole, qui n'est pas loin de jouer ici un rôle analogue à celui de la langue franque parmi les populations riveraines de la Méditerranée.

---

1. La répression de la traite par les croiseurs anglais en introduit quelques centaines tous les ans, tant à Maurice qu'aux Seychelles.

Ce rôle essentiel du créole en fait un langage prêt à toutes les transactions, à tous les compromis. Aucune concession ne lui coûte : son vocabulaire s'ouvre à toutes les importations, sa syntaxe — si syntaxe il y a — se prête à toutes les combinaisons, se plie à tous les tours, cède à toutes les violences de l'étranger qui le parle. Libre à l'anglais de lui faire dire *sô papa lacase* pour la maison de son père, à l'indien *bié tende pitit pois* pour des petits pois bien tendres, au chinois *mô capâ dileau boâ lacou dans fongue* au lieu de « puis-je boire dans le fond de la cour ? » le créole laisse tout dire, reconnaît tout. Mais, après toutes ces capitulations sur la place publique, il rentre chez soi, et, sa porte fermée, il reprend sa personnalité, son originalité individuelle et bien marquée, *so qualité même*, comme il dit.

a.

C'est de ce parler indigène, et bien véritablement autochthone celui-là, que nous proposons au lecteur une analyse exacte. La porte est close, nous ne laisserons entrer qu'à bon escient le malabar, le malais ou le chinois.

De la barbarie où les négriers les allaient prendre, brusquement placés par l'esclavage en présence du monde d'idées nouvelles pour eux que portait en elle la langue française, nos noirs se bouchèrent résolûment les yeux et les oreilles, et, en dehors du cercle étroit de la vie matérielle, ils voulurent tout ignorer, se sentant incapables de rien comprendre. L'abstraction surtout les trouva invinciblement rebelles, à ce point que le verbe abstrait par excellence, le verbe essentiel *être* n'existe pas en créole, où il est impossible de dire : Dieu est. Descartes fut heureux d'avoir une autre langue à son service. Je pense, donc je suis, *mo maziné...*, il eût été arrêté court, et nous n'aurions pas le *Discours sur la méthode*. Le créole n'est pas la langue de la philosophie : immensité, éternité, immortalité, espace, durée, gloire, noblesse, etc., etc., autant de mots que le créole ignore, aussi bien que les idées qu'ils représentent.

Les conquêtes dans ce sens sont toujours et partout les plus lentes, on le sait; et seule à Maurice par son ardent prosélytisme des trente-cinq dernières années, la religion catholique a ouvert à ces esprits grossiers quelques échappées sur le monde de l'idée pure. Ils s'essayent aujourd'hui à cette langue toute nouvelle pour eux, et c'est par le substantif abstrait que leur bégaiement commence. *Blancs napas laçarité pour malhérés*, les blancs ne sont pas charitables pour les malheureux ; *vous trôp la-fierté av doumoune,* vous êtes trop fier avec les gens ; *Moussié trop parésse, Madame ploré,* Monsieur est trop paresseux, Madame pleure. Quelques-uns des plus avancés connaissent, il est vrai, l'emploi correct des adjectifs « charitable, fier et paresseux » ; mais, à côté de ces versions intelligentes, que de contresens ! *Zautes lambition,* ils aiment l'argent ; *assez fère tô linstinct av moi,* assez me narguer : l'ambition et l'instinct devenus ainsi l'avarice et l'ironie. Le temps remettra ces néologismes à leur place, et fera que le pauvre gagne-petit qui, le panier sur l'épaule, va de porte en porte colporter ses volailles, ne sera plus décoré du nom pompeux de « négociant », trop heureux si on lui laisse celui de « commerçant », dont sa modestie se contente au besoin.

En quittant la philosophie et l'abstraction, essayerons-nous de demander à la langue créole ce qu'elle peut nous dire des beaux-arts? *Saroulou* — de sarou, image, et *oulou*, homme — dit le malgache pour un tableau quelconque; nous en sommes au même point : toute peinture dans un cadre est *éne portrêt,* hors d'un cadre, tout dessin est *éne zimaze.* Arrêtons-nous bien vite, et n'interrogeons ni la sculpture, ni l'architecture, et pour cause. Quant au théâtre, contenant et contenu, qu'on y pleure ou qu'on y chante, c'est toujours *lacomédie.*

Mais c'est assez nous attarder aux insuffisances du créole; parlons maintenant de la population qui l'a créé, on en comprendra mieux et ce qu'il est habile à traduire, et quels procédés d'expression il affectionne.

La langue étant, avant toute chose, et

mieux que toute chose, l'expression de la société qui la parle, demandons au créole lui-même de nous apprendre quel était l'état social de la population qui l'a fait pour son usage.

Ce sont des esclaves qui ont créé le patois créole, et la preuve en est facile à faire. Le créole ne dira pas regarder, mais *guetter*, guetter, c'est-à-dire regarder avec l'arrière-pensée de méfiance et de cautèle que porte en lui le mot français. « Que guettes-tu ? » disait le maître qu'inquiétait le regard furtif et soupçonneux de l'esclave. De même, chercher, en créole c'est rôder ; car, pour le blanc, le noir était un rôdeur dont la recherche devait nécessairement aboutir au vol. Le malheureux était-il surpris, on sait ce qui l'attendait : l'échelle et le commandeur étaient là. Donc, battre à coups de fouet, en créole c'est amarrer, qui met l'antécédent à la place du conséquent ; et cet euphémisme, loin d'atténuer la force du français, la souligne et l'exagère bien plutôt.

Au cours de cet ouvrage, nous signalerons dans notre pauvre patois bien d'autres expressions frappées à la marque de ce temps amer, *létemps margoze* [1], comme l'appelle notre population affranchie, que l'émancipation a faite invinciblement dévouée à l'Angleterre par le souvenir toujours vivant du bienfait. Les mots d'esclave et de maître, qui rappellent un passé odieux, se sont pour ainsi dire effacés de leurs lèvres, et si quelque vieux noir dit encore *mô méte* au blanc dont il veut obtenir une grâce, ce n'est pas qu'il ait oublié, soyez-en sûr, mais les besoins de

---

1. Nom donné au plus amer de nos légumes, c'est le mot portugais.

sa cause lui font emprunter au vocabulaire des vieux jours ce que la flatterie la plus excessive, et partant la moins sincère, y peut trouver de plus fort. Hors de là, au mot maître, mot néfaste, *mofine,* s'est substitué *bourzois;* à ce point que la ménagère d'un vieux garçon sera non sa maîtresse, fi donc! mais sa *bourzoise,* et que chiens, chevaux, voitures auront non plus des maîtres, mais des bourgeois. Esclave a, lui, franchement disparu ; à peine si domestique est possible, c'est bien plutôt employé : « officieux » est malheureusement trop savant pour notre république.

Bien des dictons perpétuent la mémoire de ces mauvais jours : *Zanimaux*[1] *bête cô-*

---

[1]. Les animaux sont bêtes comme les noirs ; le cheval, l'âne, le bœuf, le chien font des petits ; le mulet seul a de l'esprit, il n'a jamais de petits.

ment noirs; çouval fére pitits, bourrique fére pitits, béf fére pitits, licien fére pitits; néque milét tout sél qui éna siprit, li zamés gagne pitits; pure bêtise, en effet; les maîtres seuls en étaient plus riches d'une tête, et d'aucuns s'y employaient eux-mêmes. Et cet autre, qui constate un âge également lointain de notre société : *Bondié té fére bourrique pour noirs, milét pour zens coulér, çouval pour blancs*[1]. Mais aujourd'hui tout le monde a droit au cheval, tous ont leur place au soleil, *tout marmites diboute là haut difé,* comme ils disent dans leur parler pittoresque ; et de tout ce passé malsain il ne reste plus rien, rien que les préventions dont nous honorent quand même quelques philanthropes attardés de la libre Angleterre,

---

1. Dieu a fait l'âne pour les noirs, le mulet pour les hommes de couleur, le cheval pour les blancs.

protecteurs monomanes d'opprimés bien près d'être oppresseurs à leur tour.

Le beau jour de l'émancipation fut en même temps un curieux jour. Les hommes nouveaux s'y préparaient depuis longtemps : l'aube les trouva tous debout et chaussés. Trente mille paires de souliers neufs inauguraient l'ère nouvelle; car, plus encore que le parasol, plus que le chapeau noir lui-même, les souliers symbolisaient pour eux l'entrée en possession de leur nouvel état social. Mais, hélas ! bien peu savaient par expérience ce que c'est que *lapeau béf dans lipieds* [1]. Aussi les rues de Port-Louis virent-elles bientôt le long de tous leurs ruisseaux de longues files mélancoliques d'affranchis, assis sur le rebord des trottoirs, rendre à leur tour la liberté à leurs

---

[1]. Du cuir de bœuf aux pieds.

pieds endoloris, et les plonger avec une volupté mêlée de regret dans la fraîcheur de l'eau courante. Ce jour-là, naquit d'un aveu dépouillé d'artifices cet adage bien connu : *Souliers faraud, més domaze zautes manze lipieds*[1]. Et, les jours qui suivirent, trouvant les nouveaux chaussés plus circonspects, donnèrent naissance à ce nouveau dicton : *Lhére li entré dans vou lacase, souliers dans lipieds; lhére li dans grand cimin, souliers dans mouçoirs*[2]. Et ce n'était pas, comme chez quelques-uns de nos paysans de France, l'économie qui dictait cette mesure : le noir n'est pas économe, c'est là son moindre défaut; c'est qu'il se souvenait et se méfiait, et il avait raison.

---

1. Les souliers ont un cachet d'élégance, mais par malheur ils mangent les pieds.
2. Quand il entre chez vous, il a ses souliers aux pieds; quand il est sur la grande route, ses souliers sont dans son mouchoir.

Boire, manger, dormir, ou tout au moins boire et dormir, *hoc erat in votis;* et la liberté venait leur faire ces loisirs. Pour se procurer des bras, Maurice dut faire à l'immigration indienne un appel désespéré, appel trop entendu peut-être ; 300,000 coolies devaient en moins de quarante ans faire du pays le plus salubre de la mer des Indes la terre d'élection de toutes les pestes asiatiques.

Les nouveaux affranchis s'arrangeaient donc pour vivre sans travail ; et pour les soutenir dans leur résolution virile de ne rien faire, leur sagesse formula cet axiome, que bien peu songèrent à discuter : *Ça qui dourmi napas pense manzé*[1], adage où l'on aurait tort de chercher l'ironie de notre français « qui dort dîne » ; et cet autre,

---

1. Celui qui dort ne pense pas à manger.

qui devait réduire à néant toute vélléité de forfaire à la nouvelle déclaration des Droits de l'homme : *Larzent bon, més li trôp cér* [1]. On se passa donc d'argent, au delà même de la limite du possible; et ce fut l'âge d'or.

Mais hélas! *Ça qui fine goute larac zamés perdi son goût* [2]; car le moyen de résister à la séduction : *Vous guéte larac là, larac là guéte vous : vous vine fébe* [3] ! Et comme d'autre part *Larzent napas trouve dans lipied milét* [4], il fallait de toute nécessité se procurer l'un ou renoncer à l'autre. En vain on avait nourri l'espérance de voir se réaliser la promesse contenue dans le dic-

---

1. L'argent est bon, mais il est trop cher.
2. Celui qui a goûté l'arac n'en perd jamais le goût.
3. Vous regardez cet arac-là, cet arac-là vous regarde : vous faiblissez.
4. L'argent ne se trouve pas dans le sabot d'un mulet.

ton : *Côte Anglés passé larzent poussé* [1] ; la moisson tardant un peu, force fut d'aviser : *Lhére vente faim siprit vini* [2], et l'on se souvint de cette autre leçon des vieux âges : *Zacot malin, li même té montré noir cóment volor* [3].

Cependant le temps marchait. L'Inde, en même temps que ses travailleurs, nous envoya ses épidémies, et le choléra fit dans ce peuple de cigales des trouées effroyables. Ce qu'il en resta n'était guère ; et, par un retour forcé vers un passé lointain dont le temps embellissait encore le souvenir, le regret, cher aux vieillards, déclara que *Temps francés zourmons li plis gros qui*

---

1. Où passent les Anglais, l'argent pousse.
2. Quand le ventre a faim, l'esprit vient.
3. Le singe est malin, c'est lui qui a enseigné au noir comment on vole.

temps anglés[1]. Il fallait bien néanmoins, faute de mieux, se résigner à cultiver ces giraumons dégénérés, et comme le fisc réclamait ses droits, on finit par dire avec mélancolie : *Léguimes rare; brinzèles av pômes d'amour cacié gardes; zautes napas éna larzent pour péye patente*[2].

Quelque vieillard, *laudator temporis acti*, va nous dire ce qu'était le noir créole au temps de sa jeunesse, avant que l'inondation malabare eût submergé l'originalité de sa race.

Libre de toute responsabilité, assuré du vivre et du couvert, sans souci du présent, sans préoccupation de l'avenir, après le

---

1. Du temps des Français, les giraumons étaient plus gros que du temps des Anglais.
2. Les légumes sont rares ; les bringèlles et les pommes d'amour se cachent des gardes ; elles n'ont pas d'argent pour payer patente.

travail du jour prudemment réglé sur l'humeur du commandeur [1], ce jour-là, il arrivait au soir frais et dispos et tout prêt pour le chant et la danse, ses plaisirs favoris, plus impérieux pour lui que des besoins. Le riz se mangeait vite, et à l'appel de la marvanne [2] commençait le séga, que soutenait en chœur le refrain des assistants impatients d'être acteurs à leur tour; et cependant, au fond de la case, autour de *ppâ* Lindor ou de *mmâ* Télésille aux jarrets roidis par les ans, se groupaient les tout petits, pour se faire dire sans fin ni trêve des histoires ou des sirandanes, toujours les mêmes, toujours accueillies

---

[1]. Au commandeur a succédé l'économe dont ils ont fait *êne colombe,* quelques-uns disent, mais avec moins de charme, *êne colombre.*

[2]. Marvanne ou ravanne, sorte de tambour qui se battait avec les doigts, la paume de la main marquant les temps forts.

avec la même faveur; car rien ne s'arrange mieux du radotage des vieillards que l'inépuisable complaisance de la curiosité enfantine.

Le séga — tant de fois du reste décrit par les voyageurs — n'est pas du domaine de cette étude, mais elle doit s'arrêter aux sirandanes; car si la langue créole avait eu la force de porter une littérature, c'est là qu'il en faudrait chercher l'humble origine et les premiers bégaiements.

Dans l'autre hémisphère, nous n'hésiterions pas à trouver aux sirandanes une généalogie illustre. La première naquit en pleine Béotie, le Sphinx en épouvanta les malheureux Thébains, et seul Œdipe eut la gloire insigne d'en trouver le sampèque. La sirandane, en effet, n'est autre chose qu'une courte énigme dont le mot se cache sous une image parfois heureuse, ou sous le voile un peu épais d'une allégorie tirée de loin. Il n'en fallait pas davantage pour défrayer les longues veillées ; vieux et jeunes y trouvaient, dans la juste mesure de leur intelligence, de quoi exercer la sagacité de ceux-ci, la force inventive de ceux-là.

Sirandane? disait le vieillard. Sampèque, répondaient les petits tout d'une voix, et le jeu commençait. D'abord, une série de questions invariablement les mêmes, et que les réponses suivaient à l'instant : *Dileau diboute ? Canne. Dileau en pendant ? Coco. Pitit batte manman ? Lacloce, etc.* [1]

C'était quelque chose comme le salut de rigueur avant l'assaut dans la salle d'armes. Puis, le vrai jeu s'engageait, on croisait le

---

[1]. De l'eau debout ? canne à sucre. De l'eau suspendue ? un coco. L'enfant bat la mère ? une cloche.

fer. A la première passe, des coups connus : *Quate pattes là haut quate pattes aspére quate pattés; quate pattes napas vini, quate pattes allé, quate pattes résté* [1] ? La parade arrivait à l'instant : *Catte làhaut cése aspére lérat, lérat napas vini, çatte allé, cése resté* [2]. *Mo guéte li, li guéte moi ?* La glace [3]. *Guéle dans guéle, sette lapattes quate zoréyes ? Licien manze dans marmite* [4]. Alors des bottes plus savantes : *Mo bassin li séc, mo méte éne lápaille, li bôrdé ? Éne lizié* [5], finissait par trouver une mémoire plus heureuse que les autres. Enfin arrivaient les inventions récentes, les trou-

---

1. Quatre pattes sur quatre pattes attendent quatre pattes ; quatre pattes ne viennent pas, quatre pattes s'en vont, quatre pattes restent.
2. Un chat sur une chaise attend un rat, le rat ne vient pas, le chat s'en va, la chaise reste.
3. Je le regarde, il me regarde. — Une glace.
4. Gueule dans gueule, sept pattes, quatre oreilles. — Un chien qui mange dans une marmite.
5. Mon bassin est sec, j'y mets une paille, il déborde. — Un œil.

vailles du jour : *Mo batte li li bâ moi, mo bâ li, li batte moi*[1]. On cherchait ; mais, comme de juste, on ne trouvait jamais, et Lindor triomphant et sarcastique disait le mot du sampèque : *Mô femme*. Certes, elle ne datait pas de loin la mésaventure qui dictait ceci : *Ça qui ti voir li, napas li qui ti prend li; ça qui ti prend li, napas li qui ti manze li; ça qui ti manze li, napas li qui ti gagne baté; ça qui ti gagne baté, napas li ti crié; ça qui ti crié, napas li qui ti ploré*[2].

Quelquefois la sirandane prenait la forme de l'interrogation directe : *Quiféve prête napas capabe marié*[3] ? A ce difficile

---

[1]. Je bats, on m'embrasse; j'embrasse, on me bat.
[2]. Celui qui l'a vu n'est pas celui qui l'a pris, celui qui l'a pris n'est pas celui qui l'a mangé, celui qui l'a mangé n'est pas celui qui a été battu, celui qui a été battu n'est pas celui qui a crié, celui qui a crié n'est pas celui qui a pleuré. En effet, ce sont les yeux qui ont vu, la main qui a pris, la bouche qui a mangé, le dos qui a été battu, le lecteur achèvera facilement.
[3]. Pourquoi un prêtre ne peut-il pas se marier ?

problème chacun proposait sa solution plus ou moins aventureuse, plus ou moins libertine; mais l'oracle les repoussait toutes, et donnait du haut de son trépied la seule réponse probante : *Acause li ensembe so madame té va paréye, zautes dé té va gagne robe*[1].

Avec le progrès des temps la sirandane créole grandit encore, et s'éleva jusqu'à la hauteur du calembour français : *Môr condire vivant? So môr çouval*[2]. Mais, toujours bonne fille, elle savait encore sourire à la plus modeste ineptie : *Qui ti boui prémier bouloire dileau dans péye Maurice? Difé*[3]. *Ça qui mo fine trouvé, bondié napas fine trouvé? Mo mête*[4].

---

1. Parce que sa femme et lui seraient pareils; tous deux auraient une robe.
2. Le mort conduit le vivant? Le mors du cheval.
3. Qui a fait bouillir la première bouilloire d'eau dans le pays de Maurice? Le feu.
4. Ce que j'ai trouvé, Dieu ne l'a pas trouvé? J'ai trouvé mon maître. On reconnaîtra dans nos sirandanes nombre de niaiseries qui peuvent se vanter d'être françaises d'origine.

Tout cela est bien puéril, pour n'en rien dire de plus; mais là, mieux que partout ailleurs, nous pouvions montrer le noir créole enfant jusque dans la vieillesse : les plus vite fatigués de sirandanes n'étaient pas toujours les plus petits.

On ne fait plus de sirandanes, ce passe-temps des vieux âges a disparu ; la dernière cependant a vu passer le « chemin de fer ». *Quand mo laporte ouvért li fermé, quand li fermé li ouvért*[1] *?* preuve évidente que le moule n'en est pas brisé et servirait encore au besoin.

Le génie de la race se manifestera d'une manière tout aussi originale, et sous une forme un peu plus sérieuse du moins,

---

1. Quand ma porte est ouverte, elle est fermée ; quand elle est fermée, elle est ouverte.

C'est la porte d'un chemin qui passe à niveau sur les rails.

dans les proverbes que le créole tirait de son propre fonds, ou qu'il refrappait à son empreinte quand il les empruntait au français. Si, comme l'affirme un dicton bien connu, « les proverbes sont la sagesse des nations », bien peu de peuples peuvent se vanter d'être plus sages que nos noirs de Maurice. Bonhomme Lindor, à ce jeu-là, ferait quinaud Sancho Pança en personne; toutes ses réflexions se formulent en adages, et cette forme sentencieuse, que relèvent et colorent les images les plus pittoresques, donne à son parler un singulier relief.

Veut-on voir le créole aux prises avec un proverbe français, et le remanier pour l'approprier à son usage? Il ne faut pas vendre la peau de l'ours avant de l'avoir mis par terre, dit le français : *Aspère ièvé dans marmite avant causé*[1], traduit le créole. Il est bien permis à un chien de regarder un évêque, dit l'un : *Liziés napas éna balizaze*[2], conclut l'autre. Tout nouveau tout beau, dit le français qui généralise : *Balié néf balié prôpe*[3], reprend le créole, dont la moindre image fait bien mieux l'affaire. Tomber de fièvre en chaud mal, *Çappe dans poélon tombe dans difé*[4]. Comme on fait son lit on se couche. Mais le lit est un meuble de luxe, nous ignorons ces raffinements. *Côment to tale to natte faut to dourmi*[5]. Chat échaudé craint l'eau froide. *Çatte qui fine bourle av difé pér lacende*[6]. Il ne faut pas jouer avec le feu ; le

---

[1]. Attends que le lièvre soit dans la marmite avant de parler.
[2]. Les yeux n'ont pas de frontière.
[3]. Balai neuf, balai propre.
[4]. S'échapper du poêlon et tomber dans le feu.
[5]. Comme tu étends ta natte, il faut que tu te couches.
[6]. Le chat qui s'est brûlé avec le feu a peur de la cendre.

créole dira catégoriquement pourquoi : *Napas zoué av difé vou a bourle vous cimise*[1].

Mais laissons-le maintenant créer lui-même au lieu de traduire; le français, à son tour, prendra la peine de paraphraser le texte créole. *Bibasse li goût, mais so lôyau qui li ?* La bibasse est excellente, mais son noyau qu'est-il ? Il n'est pas besoin que nous montrions comment s'applique le proverbe ; en tout pays il est des bibasses dont le noyau n'est pas plus comestible que le noyau des nôtres. Sganarelle, qui sait du latin, a appris dans Cicéron qu'entre l'arbre et le doigt il ne faut pas mettre l'écorce ; bonhomme Lindor, qui ne doit rien qu'à l'observation directe, a remarqué que *dans mariaze liciens témoins gagne batté*, aux noces des chiens les témoins sont bat-

---

[1]. Ne jouez pas avec le feu, vous brûlerez votre chemise.

tus. L'homme qui ne voit pas la poutre qui est dans son œil, aperçoit la paille qui est dans l'œil de son voisin ; *Zacot napas guéte so laquée,* le singe ne voit pas sa queue, dira Lindor, sans se douter qu'il apporte à l'hypothèse darwynienne un argument non moins puissant qu'imprévu. *Napas éna fromaze qui napas trouve so macathias,* il n'y a pas de fromage qui ne trouve son morceau de pain bis, dira-t-il par manière d'encouragement à une jeune fille de peu d'attraits chargée. Si la « zéne fille » ne trouve pas qu'en termes galants ces choses-là sont mises, libre à elle de répondre aussi vertement qu'elle le voudra. *La langue napas lézos,* la langue n'a pas d'os ; *zouré napas éna lentérement,* les jurons ne portent pas leur homme en terre, se dira stoïquement le philosophe ; et l'amour-propre de la demoiselle sera guéri, puisque *batté rendé za-*

més fère mal, le coup rendu ne fait jamais souffrir [1].

Mais le plus sage a ses faiblesses, et toute cette philosophie a été impuissante à nous préserver de la superstition. Comme nous sommes originaire de la côte orientale et non de la côte occidentale d'Afrique, nous ne connaissons pas, il est vrai, les pratiques farouches du vaudou ; mais nous croyons fermement aux *names,* apparitions, nous avons dans le Petit Albert une foi inébranlable, nous jetons des yangues à notre ennemi. Avec des râpures de bois, des « plumes » de bourrique, des os concassés et des rognures d'ongles, nous composons un mélange terrible que nous ré-

---

1. Celui qui le rend, mais non celui qui le reçoit, comme voudraient le faire croire certaines gens qui emploient le proverbe à rebours, et rendent un coup de trique pour un coup d'épingle.

pandons sur le seuil de sa porte ; et si le malheureux en réchappe, c'est qu'il ne s'est aperçu de rien ; car s'il découvre le redoutable maléfice, le moins qui puisse lui arriver c'est de mourir de peur.

Le vocabulaire de toute cette magie noire est considérable, en voici seulement quelques mots. *Yangue,* c'est le sortilége au sens général ; il est destiné à porter *mofine,* malheur ; mais *mofine* est en même temps un adjectif que traduit d'assez près le français « funeste » ; ainsi *lizié mofine,* c'est le mauvais œil, *labouce mofine,* c'est la bouche qui porte malheur, etc. Suivant la manière dont le yangue sera jeté, l'expression variera. *Li té drôgue moi,* il m'a donné un breuvage ; *li té méte léquér av moi,* il m'a porté malheur par ses souhaits ; *li té méte laclé av moi,* il m'a empêché d'avancer, de réussir ; *li té méte labouce av moi,* il m'a porté malheur par ses paroles; *li té méte tanguéne*[1] *avec moi*, il m'a empoisonné. *Râpe dibois, zoué ec dibois*, râper du bois, jouer avec du bois, c'est par excellence, préparer un maléfice pour *fére sourcier av doumounde*.

Lindor a, de plus, constaté bien des concomitances : *Mo lipied cogné, doumounde aprés cause moi*[2]; *napas monte ça mangue là av lédoigt, wou a fére li coulé*[3]; *napas saute ça zenfant là, wou a fére li reste pitit*[4]. Il se félicite d'avoir rencontré un chat noir, parce que *çatte noir apéle larzent*[5]. Il sait pourquoi celui-là doit toujours perdre au jeu; c'est que *li éna larouille dans coin zo-*

---

1. C'est le tanguin de Madagascar.
2. Je me heurte le pied, quelqu'un parle de moi.
3. Ne montrez pas cette mangue du doigt, vous la ferez couler.
4. Ne franchissez pas cet enfant, vous le ferez rester petit.
5. Un chat noir présage de l'argent.

réye[1]. Il s'est occupé de météorologie : *Tonére ronflé, dizéfs couvé pour tourné*[2]; *béfs laquée en lér, mauvais temps napas loin*[3]. Il a étudié les présages que nous apportent les oiseaux : *Zozo payenqui crié là haut, coup de vent pour vini*[4]. *Fouquét posé là haut fétaze; doumounde pour mort dans lacase*[5].

Un observateur aussi sagace que Lindor ne pouvait manquer d'être frappé des changements physiques qu'a subis notre pays pendant ces dernières années. Il a vu peu à peu s'en aller nos grands bois, et il en constate la disparition dans une siran-

---

1. Il a de la rouille dans le coin de l'oreille.
2. Le tonnerre gronde, les œufs couvés tourneront.
3. Les bœufs ont la queue en l'air, le mauvais temps n'est pas loin.
4. Les paille-en-cul crient là-haut, le coup de vent va venir.
5. Le fouquet se pose sur le toit, quelqu'un doit mourir dans la maison.

dane qu'il livre aux méditations des membres de notre Comité des eaux et forêts : *Longtemps mo lédoigt té enbas lombe, il cômence bourlé dans grand soléye*[1]. Ce doigt, c'est le pouce[2], vers le sommet duquel la forêt semble reculer de jour en jour. Il a vu nos cours d'eau se tarir et se rappelant ce qu'ils étaient autrefois, il s'écrie : *Lariviéres dans péye Maurice zamés té gagne bonhér; temps francés zautes té rôde ponts, temps anglés zautes rôde dileau*[3]. Nos cannes desséchées lui fournissent l'occasion d'un proverbe : *Bagasse boucoup, flangourin ptit morceau*[4].

---

1. Jadis mon doigt était à l'ombre, il commence à brûler au grand soleil.
2. C'est le nom qu'a reçu, à cause de sa forme, la montagne qui est au fond de la vallée du Port-Louis.
3. Les rivières dans le pays de Maurice n'ont jamais eu de bonheur; du temps des Français elles cherchaient des ponts, du temps des Anglais elles cherchent de l'eau.
4. Beaucoup de bagasse, peu de jus.

Le lecteur a maintenant assez vu passer de phrases créoles pour constater avec nous que l'originalité de la langue est tout entière dans le pittoresque de l'expression. L'image avant tout. Est-elle juste, tant mieux! mais qu'il y en ait une; c'est là l'important. Et cette image, il faut le reconnaître, est parfois vraiment heureuse. Dirait-on mieux et plus gaiement que celle-ci : *Divent après fére polisson av mo robe*[1]. Trouverait-on plus net et plus exact que cet autre : *Navire là dans loin; prend vous longuevie, longuevie là va hisse li*[2]. *Camaron natté dans ça bassin là*[3] ; il y a dans le mot tout un enchevêtrement de barbes, de pattes et de pinces, qu'une longue péri-

---

1. Le vent polissonne avec ma robe.
2. Ce navire est dans le lointain; prenez votre longue-vue, la longue-vue le traînera à vous.
3. Les camarons font natte au fond de ce bassin.

phrase française ne rendrait pas avec le même relief. En veut-on de plaisantes ? *Éne plonzér à sec*[1], une de ces têtes privilégiées, dont les cheveux bouclés drus en grains de poivre sortent de la rivière sans lui enlever une goutte d'eau. *Li fine pose canapé*[2], il s'est établi à demeure dans la maison, soit en parasite, soit en qualité de prétendant à la main de la demoiselle de céans. *Li fine monte làhaut tabléte*[3], le français dit, « elle a coiffé sainte Catherine », le créole place sur une tablette élevée, au fond de la case, les menus objets qui ne doivent point servir. Mais le plus souvent l'image est crue, et même quelque chose de plus, et le créole ne s'en effarouche pas, bien au contraire. *To va fouille batate au*

---

1. Un plongeur à sec.
2. Il a déposé son canapé.
3. Elle est montée sur la tablette.

nénez [1], voilà un nez bien près de s'appeler d'un autre nom ; mais combien plus faibles sont les équivalents français « tu auras du fil à retordre, tu mangeras de la vache enragée ». *Mo va casse to laguéle dans to labouce* [2] ; le moyen de discuter après cela !

Cette recherche de l'énergie quand même, cet amour de l'image à outrance explique l'emploi si fréquent, et parfois si peu justifié, de certains verbes descriptifs, comme taper, piquer, casser et autres ; on pique, on casse, on tape sans rime ni raison ; l'essentiel c'est d'être violent : *li pique souçouna* [3], *li pique ravanne* [4], *li pique séga* [5],

---

1. Tu fouilleras les patates avec ton nez.
2. Je te casserai la gueule dans la bouche, pour « je te ferai taire ».
3. Souçouna, c'est l'arac, et en général toute liqueur forte.
4. Il bat la ravanne.
5. Il danse le séga.

li tape langouti[1], *li tape colon*[2], *li tape lapômade Zamaïca*[3], *li casse en fin*[4], *li casse larac*[5], *li pique coricolo*[6], *li soûle bontemps*[7], *li crase manguière*[8], etc., etc. Dans nombre de cas du reste, tel verbe peut fort bien se substituer à tel autre ; et, par exemple, ce jeune homme bien mis qui monte le perron de l'église à l'heure où les dames sortent de la grand'messe, pique, tape ou casse *çapeau béf, linze drap sembe souliers vernis*[9].

---

1. Il met un langouti.
2. Il flatte les puissants. Pauvres colons !
3. Il met de la pommade Jamaïca ; mais il y a dans taper une idée de luxe.
4. Il met de beaux habits ; casser porte la même emphase que taper.
5. Il boit de l'arac à plein verre.
6. Il rougit comme une crête de coq ; notre français mauricien dit « piquer un soleil ».
7. Il se soûle de bon temps ; il en prend à son aise, il vit comme un coq en pâte.
8. Il écrase *manguière ;* — voir le vocabulaire malgache; — il boit, il se soûle.
9. Chapeau droit, habits de drap et souliers vernis. Bœuf, dans ce sens, nous vient du français.

Malgré le peu d'étendue de notre petit pays, que l'œil, du haut d'une butte, embrasse tout entier dans la ceinture bleue dont l'entoure l'océan, la langue, ou mieux, les images dont elle vit changent singulièrement de quartier à quartier : le paysage, le genre de vie s'y reflètent. Il n'en pouvait guère être autrement; c'est surtout à l'humble niveau où nous sommes que l'esprit est contraint d'emprunter ses images et ses métaphores à l'horizon étroit qui limite sa vue; où se prendrait-il ailleurs ? tout l'au delà lui est inconnu. Ceux-ci habitent le bord de la mer et vivent de leur pêche, qui disent : *li fine vidé côment zouritte vide crabe* [1], il est ruiné à plat; *li*

---

[1] On l'a vidé comme l'houritte vide le crabe. Houritte, nom malgache donné à Maurice à une espèce de sèche qui joue un rôle considérable dans l'alimentation des gens pauvres du bord de la mer ; son action sur les crabes est démontrée.

zéte grand laséne pour prend candioc[1], il risque un bœuf pour avoir un œuf ; *mo lapôce séc, fine passe batatran*[2], il ne me reste pas un petit sou ; *li ripriprés*[3], il festonne, il bat les murs. Ceux-là, au contraire, habitent quelque propriété sucrière, qui ont créé les comparaisons suivantes : *carré cóment milét brancard*[4], *larze cóment béf lafléce*[5], *plimét làhaut latéte cóment bouquét làhaut canne*[6]. Et ces derniers, enfin, confinent à ce qui nous reste de forêts : *Li latéte dréte cóment*

---

1. Il jette une grande seine pour prendre des candiocs ; du fretin.

2. Ma poche est sèche, on y a passé le batatran ; filet de contrebande à mailles serrées, auxquelles rien n'échappe.

3. Ou ripliprès : les ris au plus près. Le navire debout à la lame dans une grosse mer, tangue et roule beaucoup, mais avance peu.

4. Carré comme un mulet de brancard, un limonier.

5. Large comme un bœuf de flèche.

6. Sur la tête un plumet haut comme une fleur de canne.

cornard dans bois [1]; *li fére misouc,* il s'avance à petit bruit, comme le braconnier qui craint d'effaroucher le gibier. Le lecteur étendra facilement cette courte liste.

Nous n'aurions pas tout dit sur le noir créole si nous ne rappelions, au moins en passant, la ferveur du culte qui l'entraîne trop souvent à *léglise zanguerna* [2], et si nous ne signalions son antipathie, faite de dédain et de rancune, pour la population indienne qui lui a enlevé, pouce à pouce, presque toute sa place sur le sol natal. Un homme venait d'être tué par une charrette emportée : *Napas éne doumounde, éne malbar* [3], répondait, sans plus de détails, un créole

---

1. Il marche la tête droite comme un cornard dans la forêt.
2. L'église des païens; la cantine, le débit d'arac. Zanguerna est la corruption de Jaggernaut.
3. Ce n'est pas un homme, c'est un malabar.

à un curieux qui s'informait. Dans leur langue, *éne malbar,* c'est un homme mou et veule, sans force physique et sans ressort moral. *Éne nation tripe,* tel est leur jugement sommaire sur toute la race.

Nous venons, dans cette esquisse rapide, d'indiquer la physionomie du noir créole et de la langue qu'il s'est faite. C'est maintenant de l'analyse de ce langage qu'il convient d'entretenir un instant notre lecteur.

Et d'abord, le parler qui nous occupe est-il dialecte, langue ou patois ? A prendre chacun de ces termes dans son acception rigoureuse, le créole ne saurait prétendre à aucun. Les dialectes, en effet, sont comme autant de ruisseaux qui, sortis du même versant, coulent d'abord dans des lits séparés, jusqu'au moment où celui d'entre eux que les hasards du terrain ont fait plus important que les autres, les reçoit tous à titre de tributaires entre ses bords plus spacieux, où leurs eaux réunies vont couler désormais confondues. A ce moment les ruisseaux sont devenus rivière, et les dialectes langue. Le créole n'est, on le voit, ni une langue ni un dialecte.

Est-ce du moins un patois ? Mais un patois est l'héritier direct et légitime d'un dialecte ; c'est, en plein sol natal, le rejeton d'un arbre, fécond jadis, duquel s'est retirée toute culture, mais dont les fruits dégénérés ne laissent pas de rappeler la saveur des anciens jours. Les dialectes précèdent l'unité de la langue, les patois survivent aux dialectes, après que la langue unifiée a attiré à elle toutes les forces vives du langage. Le créole, on le voit encore, n'est pas plus un patois qu'un dialecte ou une langue.

Resterait le mot jargon, que nous devrions peut-être préférer à cause même de son manque de précision. Mais l'usage avait décidé avant nous en faveur du mot patois. On nous le pardonnera : le terme n'est rien moins qu'ambitieux.

Notre patois, donc, s'est détaché du français dans la première moitié du siècle dernier. Mais ce n'est pas dans la langue littéraire qu'il faut en chercher la source ; c'est du langage familier qu'il procède seul, et particulièrement du parler de certaines provinces maritimes : de la Bretagne et de la Normandie particulièrement. De là, dans le créole, bien des mots que ne connaissait plus la langue écrite, mais qui se parlaient encore ; de là, surtout, les termes du vocabulaire nautique qui a passé presque tout entier dans le créole. Un matelot français a bientôt fait de parler notre patois avec élégance et propriété. Il peut lofer, louvoyer ou courir les bords, larguer, amarrer, capoter, hisser, aborder, virer, souquer; on le comprend, il parle la vraie langue. *Lhére matelot là trouve éne zéne fille passé pour alle bazar, si zéne fille là éna lenverguire, li doite sérre divent pour lésse li passe morceau. Aprés, matelot là va capave hisse son foc pour sivré li grand largue*[1]. Nous ne continuerons pas de ce style; le lecteur trouvera dans les « Locutions » d'autres emprunts faits à la même source.

La phonétique nous fournit aussi sur la provenance du créole, et sur l'époque où il s'est détaché du français, quelques rensei-

---

1. Quand ce matelot voit une jeune fille passer pour aller au bazar, si cette jeune fille a de l'envergure, il doit serrer le vent pour la laisser dépasser un peu. Ensuite le matelot pourra hisser son foc pour la suivre grand largue.

gnements que nous devons indiquer sommairement.

Balai, balayer, sont un seul mot en créole : *balié*. Or, balier s'est dit jusqu'au dix-huitième siècle à côté de balayer : « balier est plus en usage que baleyer, dit le dictionnaire de Richelet, parce qu'il est plus doux à l'oreille. » C'est en effet ce qu'a trouvé l'oreille créole. Le son nasal de *fanme*, de *manman*, général au seizième siècle, persiste dans quelques provinces d'où il nous est venu. *Oué* pour *oi* est la prononciation qu'avaient gardée le palais et la chaire jusqu'à la fin du dix-septième siècle. Le patois de notre sœur aînée, l'île Bourbon, n'en connaît pas d'autre : moi, toi, y sont *moué, toué;* notre créole a répudié cette prononciation pour dire, comme le français actuel, moi et toi; mais la preuve qu'il l'avait d'abord adoptée se retrouve dans la physionomie de certains mots qui sont restés en arrière : la toile, *atouéle;* une boîte, *éne bouéte;* un fouet, *éne fouéte.* En revanche, comme pour se rattraper, le créole a fait de l'aloès, *laloi-laloua; fré* pour froid ou frais; *réde* pour roide ou raide, sont de même des sons qu'a connus le français, qui, comme nous, a dit la main drète pour la main droite. Le son *tié* de amitié, moitié, cimetière, tend à se généraliser en créole; mais les anciens, à l'exemple de Charlotte et de Pierrot du « Festin de Pierre », préféraient *quié;* la moitié, *la mouquié;* cimetière, *cimiquiére;* un demi-setier, *éne misquié :* nos vieux noirs ne disent pas autrement. *U* précédant les labiales *m* et *n*, a donné *i* en créole : *éne plime,* une plume ; *éne prine,* une prune; mais le français a dit prumier, puis primier pour premier. *Pourtrét,* portrait ; *proumené,* promener; *zorié*, oreiller; *nô-yé*, noyer; *plô-yé*, ployer; *mo haï li*, je le hais, sont autant de prononciations qu'a connues le français, et qu'on retrouverait encore au besoin.

Dans l'étude analytique de notre patois, voici de quels prémisses nous sommes parti :

Étant données deux expressions, deux façons de dire que le créole connaît l'une et l'autre, celle-là nous semble la forme vraiment créole qui s'éloigne le plus du français; car le créole en possession de la forme française elle-même, n'eût pas songé à créer l'autre dont il n'aurait pas eu besoin.

Si donc le créole dit aujourd'hui presque indifféremment : *Quand vous va rencont*e *li, dire li ça qui mo té parlé av vous*[1], ou bien *Lhére wou a zouinde li, cause li ça qui mo té cause sembe wou*, il nous semble évident que la seconde version est plus vraie que la première. Le créole a dû commencer par dire « l'heure » au lieu de quand ; « joindre » au lieu de rencontrer ; « causer » au lieu de parler et dire ; « ensemble » au lieu de avec. De même : la forme *Où li to manman*[2], est postérieure à *à côte to manman ? Pourquoi vous batte-moi*[3], à *Qui fére ou batte moi ? Passequi to té fronté*[4], à *cause to ti fronté*, etc., etc.

C'est donc à titre de néologisme que nous admettons tout mot ou toute locu-

---

1. Quand vous le rencontrerez, dites-lui ce dont je vous ai parlé.
2. Où est ta mère ?
3. Pourquoi me battez-vous ?
4. Parce que tu as été effronté.

tion française dont savait se passer le créole des anciens jours.

Nous aurons fini quand nous aurons indiqué en quelques lignes les principales divisions de notre étude.

Nous passons d'abord en revue toutes les parties du discours dans l'ordre même où les place la grammaire française, depuis l'article jusqu'à l'interjection, disant ce que le créole fait de chacune d'elles, et nous arrêtant surtout au verbe, dont la conjugaison est certainement la partie la plus vraiment originale du créole.

Nous montrons ensuite les figures et les tropes, dont notre patois fait un usage immodéré.

Nous essayons, enfin, dans la phonétique, de montrer les changements les plus saillants qu'ont subis les mots français en devenant créoles, et d'établir la prononciation la plus généralement adoptée.

C'est à cela que se borne, à proprement parler, notre œuvre personnelle. Mais nous estimerions notre étude incomplète sans les annexes, dont nous l'avons accompagnée. A savoir : Quelques pages écrites en créole, un conte entre autres qui remonte à plus de cinquante ans. Un choix de « Locutions » dû à cent collaborateurs, conscients ou inconscients. Un recueil de proverbes et d'adages. Enfin, « le corps complet — ou peu s'en faut — des sirandanes créoles ».

Disons, en dernier lieu, sur quels errements est fondée notre orthographe.

Pour dérouter le moins possible l'œil habitué à la physionomie du mot français, nous la lui avons conservée partout où nous l'avons pu. Nous avons, cependant, toujours réuni l'article au substantif, avec lequel il fait corps, ainsi que nous l'avons établi. Nous avons, de même, pour être conséquent avec notre analyse, donné aux verbes en *er* la terminaison *é* du participe passé, duquel est provenu le verbe créole ; et nous écrivons d'après le même principe, *couderoce, coudepoing* pour coup de roche, coup de poing, la préposition *de* étant devenue partie intégrante d'un mot composé.

A l'aide de l'accent aigu, de l'accent circonflexe, du tréma et de l'*e* muet, nous avons figuré de notre mieux la prononciation créole, sans hésiter, dans certains cas, à nous affranchir complétement de l'orthographe française : c'est ainsi que nous écrivons *fère* pour faire, *lhére* pour l'heure, *léquére* pour le cœur, *laliquére* pour la liqueur, *tranzé* pour étranger, *zoréye* pour oreille, *Zôrze* pour Georges, *maïe* pour maïs, *àçthére*[1] pour à cette heure. Enfin, quoique le pluriel ne se manifeste jamais en créole dans la forme des mots, nous avons, pour guider l'œil du lecteur, conservé l'*s* du français, mais au substantif seulement. Quand le mot a plusieurs sons, — ainsi le pronom *vous* qui est *vous, wou,* ou bien *ou,* — nous choisissons celle de ses formes que la prononciation du groupe où il se trouve nous semble appeler de préférence; et parfois nous donnons à dessein au même mot des physionomies différentes, pour n'avoir pas l'air de prétendre à introduire l'unité et la régularité là où tout est capricieux, mobile et irrégulier.

On connaît maintenant notre humble bâtisse, et dans son ensemble et dans la distribution de ses parties : *Exegi monu-*

---

[1]. Et cependant Montaigne écrit *asture* pour *à cette heure*.

mentum. L'airain n'y entre pour rien : de simples palissades de bambou, et, sur le toit de vétiver, notre drapeau mauricien, le moins ambitieux des drapeaux, notre modeste, notre pacifique *pavillon bâton brède*[1].

---

1. *Zafferes pavillon brède,* dit notre patois créole des questions qui ne sauraient intéresser que nous seuls.

LE PATOIS CRÉOLE DE L'ILE MAURICE

GRAMMAIRE.

Nous proposons au lecteur de passer en revue toutes les parties du discours dans l'ordre même où les place la grammaire française.

Nous nous attacherons à indiquer les formes nouvelles venues dans le créole, et à montrer comment il s'en passait.

ARTICLE.

L'article n'existe pas en créole comme mot indépendant.

L'article est préfixe et partie intégrante d'un grand nombre de substantifs. Exemples : un rat, *éne lérat;* un chien, *éne licien;* une maison, *éne lacase,* etc.

Quand la langue malgache adopte un mot français, elle lui laisse de même ordinairement l'article « le, la, du ». — Ex. : charrette, *lasaréty;* vin, *divay* ou *divéna;* musique, *lamozika;* bière, *labiéry;* table, *latabatra;* fourchette, *laforiseta;* eau-de-vie, *laodivy;* habit, *anaby* (un habit); la cuisine, *lakosy,* etc., etc. *

Le créole s'étant fait avec l'oreille, les deux faits suivants s'expliquent d'eux-mêmes :

1° Aux substantifs que le français emploie surtout dans le sens partitif le créole préfixe *di, doù* pour « du », *dil* pour « de l' ». — Ex. : un pain, *éne*

---

* Cette prosthèse de l'article au nom lui-même a eu lieu vers le xve siècle dans l'intérieur de la langue française. Le moyen âge écrivait correctement l'ierre-hœdera, l'uette-uvetta ; nous disons le lierre, la luette, le loriot, le lendemain, etc.

L'article arabe *al* est de même prosthétique dans nombre de substantifs français, tels que *l'alcoran, l'alchimie, l'alcali,* etc.

dipain; une mauvaise huile, *éne mauvés dilhouile;* un bon riz, *éne bon douriz;* le suif, *disouif;* le vin, *divin;* le sel, *disel,* etc. Donc, bois au sens de forêt. — Ex. : Il habite les bois, *li réste dans bois;* un oiseau des bois, *éne zozo grand bois;* mais bois au sens de *lignum* : Un morceau de bois, *éne dibois;* une poupée de bois, *éne poupétte dibois.*

« De la » laisse tomber « de ». — Ex. : Il faut de la farine, *bisoin lafarine;* il mange de la viande, *li manze laviande.*

2° L'article préfixé rappelle le genre du substantif français : « le » est *li* ou *lé,* « la » persiste. — Ex. : un roi, *éne léroi;* un chien, *éne licien;* une table, *éne latabe.*

Quelques exceptions préfixent « la » à des noms masculins. — Ex. : Il a un rhume, *li gagne larhime;* il est gêné comme un colimaçon sur le sable, *li zéné coment éne couroupa làhaut lasabe;* je lui ai clos (fait sauter) le bec, *mo fine saute so labec;* faites le partage, *fére lapartaze,* etc.

Quand deux homonymes n'ont pas le même genre en français, comme le marc du café, la mare aux vacoas, le manche d'une pioche, la manche d'une robe, c'est « la » qu'ils préfixent toujours. — Ex. : *lamarc café, lamance pioce.*

Quels noms subissent cette prosthèse de l'article, quels autres la rejettent? Ici, point de loi. Sa figure, son nez, ses yeux, ses oreilles, son menton, sa bouche, deviennent : *so figuire, son nénez, so liziés, so zoréyes, so menton, son labouce*, etc.

Deux faits seulement d'un caractère général :

1° Point d'article prosthétique aux noms formés par redoublement. — Ex. : un nez, *éne nénez;* un lit, *éne lilit;* un oiseau, *éne zozo;* un loup, *éne louloup*, etc.

2° Point d'article aux noms qui, commençant par une voyelle, ont déjà la prosthèse du z euphonique. — Ex. : une histoire, *éne zhistoire;* une affaire, *éne zaffère;* un éléphant, *éne zalphant;* une image, *éne zimaze*. Ici, cependant, quelques exceptions. — Ex. : une oie, *éne lazoie;* un œuf, *éne dizéf;* un os, *éne lézo*.

Le créole actuel dit : *tous lé bomatin*, tous les matins; *tous lé àsoir*, tous les soirs, quoique les noms *bomatin, àsoir* ne se soient point préfixé l'article au singulier. C'est donc bien l'article pluriel « les ». Mais l'article, avons-nous dit, n'existe que comme partie intégrante du substantif; et le pluriel, allons-nous dire tout à l'heure, n'existe pas en créole. Qu'on veuille bien y regarder cependant, nous ne sommes pas en présence d'une exception. *Tous lé àsoir, tous lé bomatin*, forment des expressions indivisibles ; *lé àsoir, lé bomatin* sont impossibles en l'absence du mot *tous*, et dans le groupe l'article « les » a perdu toute existence individuelle. Le français — pour ne point sortir de l'article — n'a-t-il pas de même la composition *ès* dans les expressions *ès*-lettres, *ès*-arts, *ès*-sciences, *ès*-liens. Cette composition de l'article *lé* et du mot *tous* n'existe du reste qu'avec certains noms qui, presque tous, désignent une subdivision du temps, de la durée.

Nota. Certains noms dont l'emploi est peu fréquent prennent ou rejettent l'article au gré de celui qui parle. Ainsi partage est *partaze* ou *lapartaze ;* reste est *restant* ou *larestant,* etc.

SUBSTANTIF.

Le substantif n'a ni genre ni nombre en créole.

Le substantif créole est le substantif français lui-même.

Le nom français s'allonge par la prosthèse de l'article, par le redoublement dans nombre de monosyllabes, par la prosthèse du *z* euphonique dans les noms qui commencent par une voyelle. Mais cette addition du *z* à certains noms tels que *an-*

guille, houritte, habit, n'a pas lieu dans tous les emplois de ces noms : une anguille, *éne zanguïe;* une houritte, *éne zouritte;* mais : *Mo lapéce houritte,* je pêche à l'houritte; *lapéce anguïe,* la pêche à l'anguille. *Habit* semble être indifféremment *nhabit* ou *zhabit.*

De même que un habit vient de donner *nhabit,* une âme — surtout au sens d'apparition — donne *name.* — Ex. : « Il n'est pas bon de montrer aux enfants à avoir peur des fantômes, *napas bon monte zenfants pére names.* »

D'autres prosthèses sont particulièrement originales. Le français dit : bon Dieu, de bon matin ; je vous souhaite une bonne année ; Dieu, matin, année sont devenus en créole *bondié, bomatin, bananée;* d'où ces rapprochements bizarres : *Bondié napas bon pour moi,* Dieu n'est pas bon pour moi; *bomatin moté léve tard,* ce matin je me suis réveillé tard ; *éne mauvés bananée,* une mauvaise année. Du reste le français ne craindrait pas de dire des bonbons détestables.

Le nom s'abrège parfois par l'aphérèse de la première syllabe. — Ex. : étranger, *tranzé;* embrevades, *barvades;* habitation, *bitation;* d'où le substantif autochtone *bitaquois,* campagnard aux manières lourdes et gauches. *Ene taquére,* un homme qui attaque, du verbe *taqué* pour attaquer, etc., etc.

Quand le nom français, ainsi cheval, canal, animal, ciel, œil, corail, a au singulier et au pluriel deux sons distincts, le créole en adopte un à l'exclusion de l'autre. C'est le singulier qui persiste d'ordinaire. — Ex. : deux fanaux, *dé fanals ;* trois chevaux, *trois çouvals.* Cependant un animal est *éne zanimaux ;* un œil est *éné liziés.* Mais pour « un œil » on dira bien mieux *éne coté liziés ;* et, par analogie, une oreille, une joue seront *éne coté zoréyes, éne coté lazoues,* etc.

Le français a formé nombre de substantifs à l'aide des infinitifs et des participes tant passés que présents : le lever du soleil, la crue d'une rivière, le tranchant d'une faux. Le créole peut d'un verbe quelconque faire à l'instant même un substantif. Les exemples de ce fait abonderont dans cette étude ; en voici seulement quelques-uns : Écoutez-le parler, écoutez son parler, *coute son causé ;* tu vas être battu, tu vas avoir un « battre », *to vo gagne éne batté ;* il ne fait pas bon de l'éveiller quand il dort, dans son dormir, *napas bon léve li dans so dourmi.*

Cette création spontanée donne lieu à des rencontres heureuses :

Fauléye grand madame encore foncé, napas péle éne gros assisé çà! Le fauteuil de grand* madame est encore défoncé, ça ne s'appelle pas un gros « s'asseoir » !

En créant des substantifs le créole n'a nulle part été plus pittoresque que dans l'invention du nom *dimounde* ou *doumoune*. Le français dit au sens collectif : Il y avait du monde hier soir au théâtre ; le créole a traduit : *Té gagne dimounde hière àsoir lacomédie ;* puis, de la collection isolant chaque unité, il a dit : *éne dimounde, dé dimounde,* une personne, deux personnes ; et enfin *éne grand dimounde,* une grande personne ; *éne vié dimounde,* un vieillard. De plus, pour le nom indéfini « on », c'est encore *dimounde :* On m'a dit, *Doumoune té dire moi.*

Notre français-mauricien a repris le mot au créole, et dira volontiers en parlant d'un tout jeune garçon par exemple : C'est déjà *un petit monde,* au lieu de c'est déjà un petit homme.

Quelques adjectifs français sont à la fois adjectifs et substantifs en créole ; *malade* traduit malade et maladie : *Ene grand malade latéte,* un grand mal

---

* Voir à l'adjectif cette valeur du mot « grand »

de tête ; *fouca* signifie à la fois fou et folie : *So fouca fine léve encore,* sa folie s'est réveillée, etc.

De même plusieurs mots sont à la fois substantifs et verbes : * *balié,* balayer et balai ; *zoué,* jouer et jeu, etc.

ADJECTIF.

L'adjectif n'a ni genre, ni nombre.

QUALIFICATIF.

C'est le mot français lui-même.

Quand l'adjectif français a pour le masculin et pour le féminin deux sons différents, le créole en adopte un à l'exclusion de l'autre.

L'adjectif créole est, le plus souvent, l'adjectif

---

* Nous verrons plus bas des verbes devenus substantifs. Le moyen est des plus simples pour reconnaître si l'on a affaire à un substantif ayant force de verbe, ou à un verbe employé comme substantif : les substantifs faisant fonction de verbe ne changent jamais *é* fermé en *e* muet: *Balié li av vous lamain,* balayez-le avec votre main ; *napas zoué av difé,* ne jouez pas avec le feu. Au contraire, les verbes qui, comme *zouré,* sont, au besoin, employés comme substantifs, subissent ce changement de *é* en *e,* lorsque, redevenus verbes, ils sont liés par la prononciation au complément qui suit. Ainsi, *éne zouré,* un juron ; mais : *Li fine zoure me manman,* il a juré ma mère, comme dit notre français-mauricien.

masculin français. — Ex. : une bonne dame, *éne bon madame;* une grande maison, *éne grand lacase;* une vieille femme, *éne vié bonne-femme;* une grande fillette, *éne grand ptitfille,* etc.

Parfois c'est le féminin. — Ex. : un long nez, *éne longue nénez;* un dos plat, *éne lédos plate;* ce chemin est plus court, *cimin là plis courte;* ce vieillard est sourd, *ça bonhomme là sourde,* etc.

Certains adjectifs ont pris des terminaisons capricieuses. — Ex. : Il est resté coi, *li fine réste couac;* cet enfant est gaucher, *pitit là gauçard;* il est pied-bot, *so lazambe torte;* la main droite, *lamain drétte;* cela donne froid! *ça fére doumounde frés* (frais *); couturière est *coutiriéze;* conseillère, *conseilléze.*

L'adjectif « grand », au sens que lui donne le français dans grand-père, grand'mère, forme nombre de substantifs composés auxquels le français ne songeait pas. *Grand madame,* c'est la mère de la maîtresse de la maison, dont la sœur est *grand mamzelle* pour la distinguer de *ptit mamzelle,* sa fille. *Grand* est d'autre part synonyme de *aîné* que le créole ne connait pas. — Ex. : Mon frère aîné est

---

* Le français doit se reconnaître presque partout.

tout petit et court, *Mo grand frère tout pitit, courte courte.*

Certains substantifs français sont en créole substantifs et adjectifs à la fois. — Ex. : *Ene doumounde malice*, un homme malicieux ; *Ene Malbar parésse*, un Malabar paresseux ; *Ça manzé là goût !* ce manger est bon ! *Ene doumoune farce*, une personne plaisante.

DEGRÉS DE SIGNIFICATION.

COMPARATIF.

Le créole dit aujourd'hui comme le français :
Plis grand qui moi, plus grand que moi ;
Moins grand qui moi, moins grand que moi ;
Oussi grand qui moi, aussi grand que moi.

Mais les deux adverbes « moins » et « aussi » sont nouveaux venus ; on s'en passait. Moins grand que moi était *napas grand coment moi* ; aussi grand que moi, *grand coment moi*.

Meilleur et *pire* sont passés en créole ; mais, en dépit de leur valeur propre, ils sont précédés de « plus », *plis meillére, plis pire,* aussi retrouverons-nous aux adverbes *plis mié,* mieux ; *plis pire,* pis.

SUPERLATIF.

A bien dire, le créole le confond dans le comparatif. — Ex. : Il est le plus doux, *li même qui plis douce,* ou *plis boucoup douce ;* il est le moins doux, *li même qui moins douce,* ou *plis moins douce ;* il est très-doux, *li bien douce,* ou mieux, *li douce même*.*

Le malabar dira toujours *boucoup douce, plis boucoup douce, plis moins douce.*

Les deux substantifs *papa* et *maman* jouent devant un nom le rôle d'un adjectif au superlatif. Ainsi, un très-gros bâton, se dit élégamment *éne papa bâton ;* une très-grande malle, *éne manman lamalle.* Le petit Chaperon rouge ne faillirait pas à dire au loup : *Coment vous gagne papa liziés ; coment vous gagne manman labouce ?*

NUMÉRAUX.

Cardinaux : *éne, dé, trois, quate, cinque, sisse, sétte, houite, néf, disse, quatoze,* etc.

Au sens distributif : *éne éne,* un à un, un par

---

* Nous verrons plus bas l'adverbe même en fonction de superlatif.

un, un contre un, un à chacun : *Lésse passe dédé doumounde,* laissez passer les gens deux par deux. *Allons zoué éne coup quate quate,* jouons un coup de quatre contre quatre. *Mo va done cinque piasses éne éne doumounde,* je donnerai cinq piastres à chaque homme, etc.

De même, dans la langue malgache, *irairay,* un par un ; *folofolo,* dix par dix, etc.

Ordinaux : *prémier, sécond, troisiéme,* etc.

DÉMONSTRATIF.

Ce, cet, cette, ces donnent la forme unique *ça.*

D'ordinaire le substantif est suivi de la particule confirmative *là.* — Ex. : cette femme, *ça fanme là ;* tenez ce bout, *tiombô* * *ça boute là.*

POSSESSIFS.

Ils n'ont ni genre, ni nombre.

Mo traduit mon, ma, mes ; on prononce parfois *mon, ton, son ;*

To pour ton, ta, tes ;

---

* *Tiombô* égale tiens bon. L'adjectif bon devenu affixe du verbe, comme il est suffixe du nom dans *bomatin boudié.*

So pour son, sa, ses ;
Nous pour notre, nos ;
Vous ou *zaute* pour votre, vos ;
Zaute pour leur, leurs.

Mo, to, nous, vous, zaute sont en même temps les pronoms personnels je, me, moi, tu, te, toi, etc. Nous les étudierons plus bas.

Zaute traduit « votre » après le pronom *zautes* employé au vocatif pour vous. — Ex. : Hé ! vous autres, donnez votre argent, donc ! *Hé ! zautes, done zaute larzent, don !*

So est en réalité le seul adjectif possessif. Il a en créole un emploi emphatique assez original. — Ex. : Le mâle du cardinal est rouge, la femelle jaunâtre, *so mâle cardinal rouze, so féméllé zaune zaune ;* l'enfant du vieil Azor, *so pitit ppâ Azôr.*

Les Malabars et les Anglais ont troublé la construction régulière de l'adjectif possessif en disant : *so papa lacase,* his father's house, là où le créole disait : *lacase so papa,* la maison de son père.

INDÉFINIS.

Les seuls que connût le créole étaient *tout, mémé, laute,* autre, *qui,* quel ?

Ils n'avaient nécessairement ni genre, ni nombre.

Tout : *tout lacase*, toute la maison ou toutes les maisons.

Même : *même* a dans le créole tous les emplois du français « même ». — Ex. : ces mêmes personnes, *ça même doumounde là*, ou *ça doumounde là même*. Je lui ai parlé à lui-même, *Av li même qui mo té causé*. Donnez-le à Monsieur même, *Done li sembe Missié même*.

Il a de plus, en tant qu'adjectif, un emploi que ne connait pas le français : il signifie « seul ». Ainsi avec les numéraux : Je n'en ai qu'un seul, *Mo gagne néque éne même*. Je n'en veux que cinq seulement, *Mo vlé néque cinque même*. Un seul doit être chef, *Ene même doite comandére* (être commandeur).

« Seul » peut aujourd'hui se traduire par *séle*, toujours précédé de tout. — Ex. : Il n'y a qu'un seul Dieu, *Ena néque éne bondié tout séle*. Je n'ai vu qu'eux deux, *Mo té voir néque zautes dé tout séle*.

Nous trouvons *même* aux adverbes.

Laute : *laute* traduit l'autre, les autres, un autre, d'autres.

Done moi laute, donne-moi l'autre ou les autres, donne-m'en un autre ou d'autres.

Qui : *qui* traduit « quel » interrogatif. — Ex. : Dites-moi quel chemin vous prendrez, *Dire moi qui cimin wou a prend*. Quelle heure est-il ? *Qui lhére àçthére* (à cette heure) ?

Quelque, *quique*, n'existe qu'en composition. — Ex. : quelquefois, *quiquefois* ; quelque part, *quiquepart* ; quelque chose, *quiqueçose*.

Aucun, *auquine* ou *auquéne*. Il a d'abord paru dans la composition : *auquine part*, nulle part ; d'où il est sorti pour exister isolément dans le parler actuel. — Ex. : Je n'ai aucun argent sur moi, *Mo napas éna auquéne lamonée* (monnaie) *av moi*, etc.

Plusieurs, aujourd'hui *plisiéres*. C'était, suivant le sens, *boucoup*, beaucoup ; ou *morceau*, un peu.

PRONOMS.

PERSONNELS.

Je, me, moi est *moi* ou *mo*.

Mo, sujet, se place avant le verbe ; *moi,* régime ou complément, se place toujours après. — Ex. : Quand je parle écoutez-moi, *Lhére mo causé acoute moi.* Je ne sais pourquoi il se moque de moi, *Mo* *napas coné quiféré li bégne* (ou mieux *baingne*) *av moi* *.

Mo, sujet, disparaît dans *si pas*, je ne sais pas. — Ex. : Viendras-tu demain ? Je ne sais pas, *Esqui to pour vini dimain ? Si pas.*

Notez que « savoir » ailleurs se rend toujours par *coné*, connaître. — Ex. : Il ne sait pas, *Li napas coné*. Un homme qui sait, un homme instruit, un savant, *Ene doumounde qui coné*.

Tu, te, toi est *toi* ou *to*. *To*, sujet, avant le verbe ; *toi*, régime ou complément, après.

Il, elle, le, la, lui sont *li*. — Ex. : Tu le lui remettras, *To va donc li av li*. Elle est là, *Li là même*. Le sujet toujours avant le verbe, le complément toujours après.

Nous, vous sont *nous, vous ;* sujets avant le verbe, compléments après. — Ex. : Vous nous haïssez, *Vous haïe nous.*

Ils, elles, eux, les, leur, toujours et partout *zautes ;* sujets avant, compléments après le verbe.

Zautes à la troisième personne du pluriel vient de « les autres », quelques vieux blancs disent « eux autres » pour « eux » : Nous avons une chambre pour eux autres.

---

* Mot à mot : pourquoi il se baigne avec moi. Voir les Locutions.

De même que notre français familier construit autres après les pronoms nous et vous, le créole dit : *Nous zaute, vous zaute ;* mais, tandis que le pronom nous persiste toujours, vous se sous-entend volontiers. — Ex. : J'irai avec vous, *Mo va alle av zaute. Zaute* a donc ici le vocatif : Hé! vous autres, attendez-moi, *Hé! zaute, aspère moi.*

DÉMONSTRATIFS.

Ce est devenu *ça.*

Ce, en français, se construit ou devant le verbe être, ou devant un pronom relatif.

La première construction n'existe pas dans le créole, qui n'a pas le verbe être, mais l'intention emphatique est respectée par la traduction. — Ex. : C'est à vous que je parle, *Avé vous mémé qui mo causé.* Ce sont les Malabars qui sont maintenant les maîtres à Maurice, *Malbar mémé àç-théré qui méte dans péye Maurice* (dans le pays de Maurice).

Ceci, cela égalent *ça ;* et en opposition *ça qui ici, ça qui làbas.*

Celui, celle, ceux, celles sont encore *ça.* — Ex. : Celui qui a une jolie fille reçoit des coups de chapeau, *Ça qui gagne zolie fille gagne coudeçapeau.*

On entend quelquefois *celle* ou *cenne* devant le pronom qui. — Ex. : Celui qui parlera, *Celle* ou *Cenne qui pour causé.*

Celui-ci, celui-là, placés en opposition, se développent en *ça qui ici, ça qui làbas.*

Ça terminant l'interrogation donne souvent par redoublement *çaça.* — Ex. : Qu'est-ce que cela? *Qui çaça?* Où cela? *Côte çaça?*

POSSESSIFS.

Ils n'existent pas.

Le créole développe le mien, le tien, en *ça qui pour moi, ça qui pour toi;* ou, plus brièvement, *pour moi, pour toi.* — Ex. : Ma maison vaut mieux que la vôtre, *Mo lacase plis vaut mié qui ça qui pour vous,* ou bien, *Mo lacase plis vaut mié qui pour vous.*

RELATIFS ET INTERROGATIFS.

Le créole ne connait que le pronom *qui*. Il suffit à traduire toutes les formes françaises qui, que, dont, auquel, tant au pluriel qu'au singulier, au féminin qu'au masculin.

Que cherchez-vous? *Qui vous aprés rôdé?*

A quoi songez-vous? *Qui vous aprés maziné là?*

Empruntez-lui l'argent dont vous avez besoin, *Prête* li larzent qui vous bisoin.*

Voilà l'homme dont je vous ai conté l'histoire, *Avlà ça doumounde qui mo té raconte vous so zhistoire là.*

Je ne redeviendrai jamais l'ami d'un homme avec qui j'ai eu une discussion. *Zamés encôre mo pour tourne camerade av éne doumounde qui mo fine gagne labouce av li**.*

Où avez-vous acheté l'âne sur lequel vous passiez ce matin? *Côte vous fine acéte ça bourique qui vous té passe làhaut là bomatin.*

Dans ces trois derniers exemples *qui* est bien plutôt conjonction que pronom conjonctif; du reste de celui-ci à celle-là la distance était trop petite pour n'être pas franchie, tout aussi bien en France par les gens du peuple qu'à Maurice par nos noirs.

INDÉFINIS.

On, *doumonde*, ou plus rarement, *zâutes*.

Doumoune, doumonde, doumounde, dimonde, dimounde, dimoune, suffisait à la personne indéfinie :

---

* *Prété* est tout à la fois en créole prêter et emprunter.
** Le mot à mot donne : Jamais je ne retournerai camarade avec un homme que j'ai eu de la bouche avec lui.

Il y a quelqu'un, n'entrez pas, *Ena doumoune, napas entré.*

Il n'y a personne pour me soigner, *Napas éna doumounde pour sogne mo lécorps.*

Je donnerai cinq piastres à chacun, *Mo a done cinque piasses énéene doumounde.*

Quiconque parlera verra tout à l'heure ! *Doumoune qui a causé va guété talhére !*

Le créole actuel admet :

Quelqu'un, *quiquéne.* Il y a quelqu'un dans les jamrosas, *Ena quiquéne dans zanbourzois ;*

Chacun, *çaquéne.* Chacun sent sa peine, *Çaquéne senti so douléré ;*

Personne, *napas, personne.* Je ne connais personne en ville, *Mo napas côné personne auport*.*

Pour la chose indéfinie le créole a *narien* et *quiqueçose.* Rien, *narien.* — Ex. : Il n'y a rien à faire de cet enfant-là, *Narien pour fére av ça pitit-là.* Il n'a peur de rien, *Li napas pére narien.*

---

* Auport, pour au Port-Louis ; de même urbs, το αστυ. Je suis en ville, *Mo auport ;* Il habite la ville, *Li résté auport.* Aller en ville, c'est descendre au port ; aller à la campagne, c'est monter à l'habitation, ou, plus brièvement, monter, descendre. Ainsi un habitant de la campagne au lieu de dire : Demain matin j'irai en ville, mais je reviendrai le soir, dira : *Dimain bomatin mo pour dicendé, més mo pour monté encore dsoir méme.* Ce qui explique de reste pourquoi les directeurs de nos voies ferrées désignent par *Up* les trains qui descendent en ville, et par *Down* ceux qui montent à la campagne.

Quelque chose, *quiqueçose*, *quiquiçose*. Ex. : J'ai quelque chose à vous dire, *Mo éna quiqueçose pour dire vous.*

Le français « quelque chose », tout en restant indéfini pour la substance, accepte, à l'imitation du latin, une qualité définie sous la forme d'un génitif neutre, quelque chose de bon, *aliquid boni*. De telles subtilités devaient échapper au créole qui a fait de *quiqueçose* un vrai substantif que qualifie directement l'adjectif. — Ex. : Quelque chose de bon, *Ene bon quiqueçose. Quiqueçose* traduit donc le mot chose, objet, pris au sens général. — Ex. : Enlevez tout ce qui est dans la maison, nous devons déménager, *Tire tout quiqueçose dans lacase, nous pour léve paquets.*

Les autres pronoms indéfinis se rendraient à l'aide de périphrases et d'équivalents. — Ex. : Je les connais l'un et l'autre, *Mo cone touldé* (tous les deux). Je ne les connais ni les uns ni les autres, *Mo napas cone éne méme* (je n'en connais pas un seul), etc.

L'un l'autre. Une construction récente place la préposition *à* entre ces deux pronoms pour marquer partout la réciprocité. Ex. : Mariez-les vite, ils s'aiment, *Marié zautes vitement, zautes content éne à laute*. Ils s'entendent les uns les autres, *Zautes tende éne à laute*. Ils médisent l'un de l'autre, *Zautes batte lalangue éne à laute*, etc. Cette tournure est d'importation toute récente et nous ne l'aurions pas citée sans la présence de la préposition *à* qui lui donne quelque physionomie. Mais est-ce bien là du créole ?

DU VERBE.

Le maniement du verbe français avec ses flexions de mode, de temps, de nombre et de personne, offrait des complications que le créole devait nécessairement écarter. Ici la simplification a été poussée à ses dernières limites. Le thème verbal n'a qu'une forme unique : *mo vini*, je viens ; *to té vini*, tu es venu ; *li va vini*, il viendra ; etc., etc.

NOMBRE ET PERSONNE.

Toute modification de nombre et de personne a disparu.

TEMPS.

PRÉSENT.

C'est le thème verbal. Je pense, *mo maziné ;* tu

tiens, *to tini* ou *to tiômbo;* il couvre, *li couvért;* etc., etc.

FUTUR.

Deux formes pour le futur simple: *mo va allé* ou *mo pour allé,* j'irai.

Il est facile de se rendre compte de cette double formation.

La première, *mo va allé,* est le calque pur et simple du français qui, pour marquer un avenir très-prochain, dit « il va venir », où le verbe « va » faisant fonction d'auxiliaire prend une acception toute nouvelle; « il va » au sens propre marque l'éloignement, « venir » le rapprochement. « Il va venir » est donc une composition au moins originale, comme sa voisine « il vient de partir », pour le passé récent, « il est parti il n'y a qu'un instant. »

La raison analytique de la seconde forme future, *mo pour allé,* est tout aussi plausible. « Pour » marque un but à atteindre: un train *pour* Mahébourg, je vous dirai *pour* conclure, au prix coûtant *pour* clore. Le créole dit: *assez galoupé, to pour tombé,* assez courir, tu tomberas, ou mieux, tu vas tomber. Cette seconde forme traduit donc exactement le futur prochain « tu vas tomber ». Dépêchez-vous, je vais partir, *Dégazé, mo pour allé.* D'où logiquement : *Lhére li té vini mo té pour allé,* quand il est venu j'allais partir, pour marquer le futur prochain sous la dépendance d'un passé. C'est donc toujours au français, et rien qu'au français, que le créole emprunte par l'analyse tous les moyens d'expression.

Le futur antérieur : Quand j'aurai parlé je partirai, *Lhére mo va fine causé mo va allé,* se forme, on le voit, du futur simple et de la forme auxiliaire *fine* ou *fini,* de finir, que nous étudierons ci-après.

PASSÉ.

Un passé simple, un passé absolu, un passé simultané, un double passé, un passé récent.

Le passé simple, *mo té çanté,* correspond à un des emplois de notre imparfait : Dans ce temps-là je chantais, *Ça létemps là mo té çanté,* et à nos deux passés défini et indéfini des grammaires : Elle baissa la tête et se prit à pleurer, *Li té bésse so latête et li ti comence ploré.* Mon Dieu, j'ai combattu soixante ans pour ta gloire, *Bondié, mo té laguére soxante bananées pour to....;* le mot gloire manque avec l'idée qu'il traduit.

Le passé absolu : J'ai dit, assez parlé maintenant, *Mo fine causé, assez labouce àçthére.* J'ai chanté, je ne chanterai plus, *Mo fine çanté, mo napas va çante encore.* D'où, rigoureusement, la composition suivante : Quand j'aurai fini de parler vous pourrez répondre, *Lhére mo va fine fini causé vous va capave répondé*, forme beaucoup plus injonctive que la simple : *Lhére mo va fini causé.*

Le passé simultané, autre fonction de l'imparfait français : Quand il est entré je cousais, *Lhére li té entré mo té après coude,* se forme par l'adjonction de la préposition après ; on y reconnaitra facilement une cacologie empruntée au français.

Le passé double, formé par la superposition des deux auxiliaires *té* et *fine;* il traduit notre passé antérieur et notre plus-que-parfait : J'avais chanté quand il est venu, *Mo té fine çanté lhére li té vini.* Quand j'eus chanté, je partis, *Lhére mo té fine çanté mo ti allé.* C'est comme un mot à mot de la version : j'avais fini de chanter, quand j'eus fini de chanter.

Le passé récent : Il vient de sortir, *Li féque*

sourti, où l'on retrouve le gallicisme « il ne fait que de sortir ». Donc, Il ne faisait que de sortir, *Li té féque sourti* *.

Pour toutes les catégories du passé comme pour toutes celles du futur, c'est donc encore au français que le créole emprunte ses moyens d'expression, par une analyse inconsciente mais souvent délicate de la pensée.

MODE.

INDICATIF.

Nous venons de le voir tout entier au chapitre du temps.

INFINITIF.

C'est le thème verbal. — Ex. : Trop gratter cuit, *Trôp gratté bourlé*. Entre amis on peut se déboutonner, *Divant zamis capabe largue quilotte*, etc.

---

* Pour traduire le gallicisme voisin, « il ne fait que parler », où l'analyse donne « il parle seulement », le créole dit : *Li néque causé*, puisque le français « ne... que » égale « seulement ». — Ex. : Je ne connais qu'une personne de cette maison, *Mo côné neque êne dimounde dans ça lacase la*. S'agit-il d'insister sur la fréquence de l'action, le redoublement du verbe y arrive. — Ex. : Il n'a fait que parler toute la nuit ; *Tout lanouite li té néque cause-causé*. Il ne fait que se retourner dans son lit, *Li néque viréviré lâhaut son lilit*.

SUBJONCTIF.

Il n'existe pas, l'indicatif y supplée.

Je ne crois pas qu'il vienne, *Mo napas croire qui* li vini*, présent; *qui li va vini*, ou *qui li pour vini*, futur.

Je ne crois pas qu'il soit venu, *Mo napas croire qui li té vini*, ou *qui li fine vini*.

Je ne croyais pas qu'il vînt, *Mo napas té croire qui li té après vini*, temps simultané, *qui li té pour vini*, ou *qui li té va vini*, futur.

Je ne croyais pas qu'il fût venu, *Mo napas té croire qui li té fine vini*.

IMPÉRATIF.

Aux deux secondes personnes du singulier et du pluriel, c'est le thème. La première du pluriel se forme à l'aide de l'interjection : *allons! age, eïa*, qu'on prononce aussi *anons, anous*, ou bien à l'aide de la périphrase « laisse-nous ». Ainsi le français « allons » égale *allons allé, lésse-nous allé*. La troisième personne du pluriel prend

---

* La conjonction *qui* se supprime volontiers : *Mo napas té croire li té vini.*

lésse zautes. — Ex. : Qu'ils s'en aillent, *Lésse zaute allé.* D'où les formes optatives ou comminatoires : Que je vienne et il verra, *Lésse mo vine li va guétté !* Qu'il vienne, *Lésse li vini !*

CONDITIONNEL.

Pour nous rendre compte de cette formation, voyons comment, en se séparant du latin, le français a créé le conditionnel.

Pour marquer l'avenir au point de vue du présent, nous avons le futur simple : je crois qu'il viendra. Pour marquer l'avenir par rapport à un passé, nous employons le conditionnel : je croyais qu'il viendrait.

« Le français, dit M. A. Brachet [*], a, pour exprimer cette nuance, conçu le conditionnel sous la forme d'un infinitif, « aimer », qui indique le futur, et d'une finale qui indique le passé : « ais, ais, ait, ions, iez, aient représentent en français le latin *abam, abas,* etc. [**] »

---

[*] *Grammaire historique de la langue française,* par A. Brachet, p. 187.
[**] Rappelons que le futur français, j'aimerai, j'irai, résulte de la combinaison *amare habeo, ire habeo ;* j'ai à aimer, j'ai à aller, donc j'aimerai, j'irai ; c'est le conséquent pour l'antécédent, l'effet pour la cause. Pour plus de renseignements, nous renvoyons le lecteur au précieux ouvrage de M. Brachet.

Si quelque doute pouvait subsister à l'endroit de cette genèse du conditionnel français, la conception du conditionnel créole viendrait lui fournir un argument puissant : « je viendrais » égale *mo té va vini*, où l'on retrouve le futur *mo va vini* et la forme auxiliaire *té* pour marquer le passé. Mon enfant, dis à ta mère que je serais bien heureux de la voir, *Mo pitit, dire to manman mo té va bien content trouve li.*

Cette double relation du conditionnel avec le futur d'une part et le passé de l'autre, devait amener forcément le créole à reproduire ici une combinaison étudiée au mode subjonctif. — Ex. : *Mo napas té croire qui li té pour vini* ou *qui li té va vini*, Je ne croyais pas qu'il vînt, venir au futur par rapport à croire, la forme subjonctive « qu'il vînt » n'étant en réalité qu'une forme seconde du conditionnel.

On le voit : chez nos ancêtres gaulois comme chez nos anciens noirs esclaves, la pensée, en présence des mêmes besoins d'expression, a inventé pour se traduire des procédés de langage de tous points identiques. Nous aurons plusieurs fois à signaler ces rencontres.

PARTICIPES.

PARTICIPE PRÉSENT ET GÉRONDIF.

Ils n'existent pas*; le créole développe la proposition qu'ils renferment implicitement : Je l'ai rencontré venant ici, *Mo té zoinde li coment li vine ici.* Je l'ai vu en venant ici, *Mo té trouve li coment mo té vine ici.*

PARTICIPE PASSÉ.

Nous l'avons vu aux temps composés en combinaison avec l'auxiliaire.

Comme participe déponent ou participe adjectif, nous n'avons rien de particulier à en dire : ou c'est le thème verbal, ou c'est le développement de la proposition implicite.

AUXILIAIRES.

DU VERBE ÊTRE.

L'enfant qui bégaye ses premiers jugements simplifie la proposition d'où il retranche le verbe :

---

* Les locutions réservent leurs droits : un air gouailleur, *éne zenre en foutant.* Il est crâne, casseur, *Li pique en décendant.* Il n'a pas peur que son cheval s'abatte. Il est au bord du fossé, *Li borde en pendant.*

maman bon; papa mauvais. La convenance parfaite, le rapport évident de l'attribut au sujet lui permet de supprimer le lien qui unit l'un à l'autre.

Le créole en est resté à cette proposition embryonnaire. Le concept de l'existence sans attribut est trop haut pour lui, il ne s'élève jamais jusqu'à ces abstractions. Le verbe substantif, essentiel, le verbe « être » n'existe pas en créole *.

L'attribut suit immédiatement le sujet. — Ex. : Je suis malade, *Mo malade*, ou bien verbe et attribut restent implicitement contenus dans le complément. — Ex. : Tu es dans l'embarras, *To dans zéné*. Il est sous le lit, *Li enbas lilit*. Nous serons là, *Nous va là même*.

C'est donc purement à titre de verbe auxiliaire**

---

* Non plus que dans la langue malgache, une de ses deux aïeules.

** *A côté to ti été bomatin*, Où étais-tu ce matin? Cette phrase renferme le seul cas où le verbe « être », cessant d'être auxiliaire, ait en créole une existence individuelle bien manifeste. Mais « été » est de toute nécessité un passé ; comment donc s'y prendra le créole pour dire au futur : Où seras-tu demain ? Voici la construction à laquelle nous conduit l'analyse.

Nous avons dit que l'attribut suit immédiatement le sujet ou qu'il reste implicitement contenu dans le complément. Or, la construction interrogative renverse l'ordre des mots et place le complément avant le sujet : Où es-tu, *A côté toi ?* Rien de plus simple pour le présent où toute trace du verbe a disparu. Mais au futur l'inversion devient impossible, car la forme auxiliaire *va* devant affecter l'attribut contenu dans le complément a que le créole connait le verbe « être » qui lui a donné son participe passé « été » devenu *té* ou *ti*. Cette forme se combine avec le thème du verbe à conjuguer pour former les passés.

Pour l'impersonnel « il est », le créole emploie *yéna* ou *éna*, c'est le français « il y en a ». — Ex. : Il est un Dieu, *Yéna éne bondié*. Il était une fois, *Té éna éne fois* *.

FINIR.

Il a donné son participe passé *fini* ou *fine* pour former le passé absolu, et pour composer avec l'auxiliaire *té* les passés antérieurs.

Donc, « j'ai fini », *mo fine fini,* où l'auxiliaire aide à conjuguer le verbe.

ALLER.

Il a donné la troisième personne du présent de l'indicatif, « va », qui sert à former le futur simple.

---

côte, doit de toute nécessité précéder ce complément dont il est un véritable proclitique. De là, la combinaison : *To va à côte ça dimain ?* Où seras-tu demain ?

Mais le créole préférera dans ce cas un verbe de mouvement au verbe d'état, et dira plus volontiers : *A côte to va allé, à côte mo va trouve toi ?* Où iras-tu, où te trouverai-je ?

* Le verbe « avoir » n'est pas auxiliaire en créole : « j'ai » est *mo éna* ou *mo gagné ;* c'est la cause ou l'effet, si j'ai, c'est que je gagne. Aucune différence appréciable entre les deux.

Donc « j'irai », *mo va allé,* c'est le mot à mot du français « je vais aller ».

Le « allons » de l'impératif est une véritable forme interjective.

PRÉPOSITION AUXILIAIRE « POUR ».

Nous avons vu la préposition « pour » composant le futur prochain. Elle traduit encore l'auxiliaire français « devoir ». — Ex. : Je dois aller demain, Mo *pour alle dimain.* Il doit pleuvoir, le temps est trop couvert, *Laplie pour tombé, ça létemps là trôp noir.* Je vous dirai quand je devrai sortir, Mo *va dire vous, lhére mo va pour sourti.* Ils devaient se marier, *Zautes té pour marié.* Quand elle devra venir, *Lhére li va pour vini;* etc., etc.

PRÉPOSITION AUXILIAIRE « APRÈS ».

Nous l'avons vue concourant à former le passé simultané. — Ex. : Je chantais quand il est entré, *Mo té après çanté lhére li ti entré;* mais elle passe à tous les temps. Au présent : *Mo après manzé,* Je mange en ce moment, je suis à manger (*I am eating*). Au futur : *Lhére mo va après manzé,* Quand je serai à manger, occupé à manger, en train de manger.

FORME AUXILIAIRE *féque.*

Elle traduit, nous l'avons dit, le gallicisme « ne faire que de » et forme un passé récent. — Ex. : *Mo té féque dizné,* Je venais de déjeuner. Elle passe donc au futur. — Ex. : *Lhére mo va féque dizné,* Quand je viendrai de déjeuner, où elle marque une antériorité immédiate.

Nous la retrouvons à tous les modes. — Ex. : Je viendrais de le manger que ma bouche en conserverait encore l'odeur, *Mo té va féque manze li qui mo labouce té va senti encore so l'odère,* conditionnel.

Après avoir couru, il n'y a qu'un instant, boire de l'eau froide est dangereux, *Lhére féque galpé boire dileau frés napas bon,* infinitif.

CONJUGAISON.

Le verbe étant réduit à un thème unique, la conjugaison est une, on le comprend de reste.

Nous en donnons le paradigme pour grouper les faits épars dans les paragraphes précédents.

VERBE *MANZÉ*, MANGER.

INDICATIF.

PRÉSENT.

Mo manzé	Je mange
To manzé	Tu manges
Li manzé	Il mange
Nous, vous, zautes manzé.	Nous mangeons, vous mangez, ils mangent.

2ᵉ PRÉSENT.

Mo après manzé	Je mange en ce moment (*I am eating*)
To après manzé, etc.	Tu manges en ce moment, etc.

PASSÉ SIMPLE.

Mo té manzé	Je mangeais, j'ai mangé, je mangeai
To ti manzé, etc.	Tu mangeais, tu as mangé, tu mangeas, etc.

PASSÉ ABSOLU.

Mo fine manzé	J'ai mangé, j'ai fini de manger
To fine manzé, etc.	Tu as mangé, tu as fini de manger, etc.

PASSÉ SIMULTANÉ.

Mo té après manzé	Je mangeais en ce moment-là (*I was eating*)
To ti après manzé, etc.	Tu mangeais, etc.

PASSÉ DOUBLE OU ANTÉRIEUR.

Mo té fine manzé   J'avais mangé, j'eus mangé
To té fine manzé, etc.   Tu avais mangé, tu eus mangé, etc.

PASSÉ RÉCENT.

Mo féque manzé   Je viens de manger, je ne fais que de manger
To féque manzé, etc.   Tu viens de manger, etc.

FUTUR SIMPLE.

Mo va manzé   Je mangerai
To va manzé, etc.   Tu mangeras.

FUTUR PROCHAIN. *

Mo pour manzé   Je vais manger, ou je dois manger
To pour manzé, etc.   Tu vas manger, ou tu dois manger, etc.

FUTUR ANTÉRIEUR.

Mo va fine manzé   J'aurai mangé
To va fine manzé, etc.   Tu auras mangé, etc.

---

* Les deux formes se combinent et donnent : *Mo va pour manzé*, Je devrai manger ou je serai sur le point de manger. Cette dernière forme se combine avec le futur antérieur : Quand j'aurai presque mangé, quand je serai sur le point d'avoir mangé, *Lhére mo va pour fine manzé*.

CONDITIONNEL.

PRÉSENT.

Mo té va manzé	Je mangerais
To té va manzé, etc.	Tu mangerais, etc.

PASSÉ.

Mo té va fine manzé	J'aurais mangé
To té va fine manzé, etc.	Tu aurais mangé, etc.

PASSÉ RÉCENT.

Mo té va féque manzé	J'aurais mangé il n'y a qu'un instant
To té va féque manzé	Tu aurais mangé il n'y a qu'un instant, etc.

IMPÉRATIF.

Manzé	Mange
Lésse li manzé	Qu'il mange (*let him eat*)
Allons, anons, anous, manzé ou lésse nous manzé	Mangeons.
Manzé	Mangez
Lésse zautes manzé	Qu'ils mangent.

SUBJONCTIF *.

Le subjonctif, nous l'avons dit, n'existe pas.

---

* Toutes les formes que nous donnerions se confondraient dans celles des autres modes.

INFINITIF.

PRÉSENT.

Manzé   Manger.

FUTUR.

Pour manzé   Devoir manger.

PASSÉ.

Fini manzé   Avoir mangé.

PASSÉ RÉCENT.

Féque manzé   Avoir mangé il n'y a qu'un instant.

Voici pour prouver l'existence du futur et des passés de l'infinitif.

Futur : Quand on va manger avec la main, il vaut mieux que la main soit propre, *Lhére pour manze av lamain plis vaut mié lamain prope.*

Passé : Il faut avoir mangé avant de boire de la liqueur, *Bisoin fine manzé avant boire laliquére.*

Passé récent : Quand on vient de sortir d'une grande maladie, c'est du bœuf qu'il faut, *Lhére féque sourti dans grand malade laviande béf qui bisoin* (prononcez plutôt *lavianne*).

DU VERBE PASSIF.

Le verbe « être » n'existant pas, et le thème

verbal n'acceptant ni terminaison, ni modification d'aucune sorte, il semblerait que le passif dût être inconnu au créole. Il n'en est rien cependant. L'emploi du passif est fort rare, il est vrai, et, dans la très-grande majorité des cas, le créole rétablit la tournure active. — Ex. : Je suis aimé de mon fils, *Mo garçon content* moi ;* mais il est des cas où la construction passive est manifeste. Nous devons en tenir compte :

Vous n'êtes pas assez couvert, étendez sur vous cette couverture, *Vous napas assez couvért, tale tapis là làhaut vous.* De même qu'on disait *mo malade* pour « je suis malade », on dit ici, *vous couvért* pour « vous êtes couvert ».

Or, *mo couvért* veut dire à l'actif « je couvre », au passif « je suis couvert » ; comment donc éviter à chaque instant l'équivoque ? Elle est pourtant plus rare qu'on ne le croirait. D'une part, la très-grande simplicité de la phrase ; de l'autre, la voix et le geste, commentaires vivants de la pensée, car, le lecteur ne doit jamais l'oublier, le créole se parle et ne s'écrit pas ; peut-être même

---

* Le verbe « aimer » n'existe pas ; il est remplacé par l'adjectif *content* qui reçoit la force verbale. Nous étudions ce fait un peu plus loin.

devrions-nous dire, se parle et se mime. Que le maître, par exemple, dise au serviteur : *Zamés woua fére moicroire qui tout ça béf là fine manzé*, la phrase écrite a deux sens : Jamais vous ne me ferez croire que tout ce bœuf ait été mangé, ou bien, que tous ces bœufs aient mangé. — Voilà donc qui n'est rien moins que clair. Pense-t-on cependant que le serviteur s'y trompe? S'il est chargé du parc à bœufs, soyez sûr qu'il entendra l'actif, « que tous ces bœufs aient mangé »; si de la salle à manger, le passif, « que tout ce bœuf ait été mangé »; et le maître sera parfaitement compris. Notez d'ailleurs qu'il pouvait, dans un des cas, distinguer « beef » de « ox » en disant *tout laviande béf*, et, dans l'autre, détruire également toute amphibologie en disant *qui tout ça béf là fine gagne manzé*, que tous ces bœufs aient eu à manger. En dépit de la pauvreté de ses ressources, le créole peut suffire à son humble tâche.

Il est un cas où la phonétique vient fournir un élément à la clarté. La plupart des verbes terminés en *é* * font de cet *é* fermé un *e* muet quand la pro-

---

* Voir plus bas au paragraphe du thème verbal.

nonciation les lie au complément qui suit : ainsi *to manzé*, tu manges ; mais *to manze pôsson*, tu manges du poisson, l'*é* fermé devenu muet à cause du complément *pôsson ;* de même *mo tombé*, je tombe ; mais *mo tombe dans dileau*, je tombe dans l'eau ; *li mété*, il met ; *li méte souliers*, il met des souliers. Ce changement de l'*é* fermé en *e* muet n'a pas lieu quand ces verbes sont employés au sens passif. Ainsi : *Mo té manze av lamain*, J'ai mangé avec la main ; mais *Tout lanouite mo disang té manzé av pinézes*, Toute la nuit mon sang a été mangé par les punaises ; l'*é* fermé conservé en dépit du complément qui suit, parce que le verbe est au passif. De même : *Vous té trompe moi*, Vous m'avez trompé ; mais *Mo té bien trompé av ça pitit-là*, J'ai été bien trompé par cet enfant.

Cette persistance de l'*é* fermé est certainement due à la terminaison *é* du participe passif en français dans les verbes de la première conjugaison, « manger », « tromper », qui donnent *mangé, trompé* *. — Ex. : Il est gêné avec moi, *Li zéné*

---

* Nous n'avons pas entendu formuler là une loi, mais une règle que les exceptions n'infirmeraient pas.

av moi. Ton linge sera mouillé à la pluie, *To linze pour mouyé dans laplie,* etc.

DU VERBE PRONOMINAL.

La conjugaison pronominale n'existe pas en créole ; le lecteur s'en doutait peut-être. Mais les artifices qu'emploie le créole pour traduire les verbes pronominaux du français demandent qu'on s'y arrête un instant.

Distinguons avant tout les verbes pronominaux réfléchis des pronominaux réciproques.

Dans les pronominaux réfléchis le sujet fait et reçoit l'action ; dans les pronominaux réciproques l'action est faite par deux ou plusieurs personnes agissant les unes sur les autres.

Pour rendre les pronominaux réfléchis, le créole emploie deux procédés. S'agit-il d'un fait physique, le pronom *se* devient « son corps », *so lécorps*. — Ex. : Je me tuerai, *Mo va touyé mo lécorps.* Au besoin la précision va plus loin. — Ex. : Madame se peigne, *Madame après peingne so la tête,* ou *so civés,* sa tête ou ses cheveux. Mouche-toi, *Mouce to nénez.* Tais-toi, *Fréme to labouce* (ferme ta bouche). Ou bien il supprime purement et simplement la forme pronominale. — Ex. : Je me suis levé de ma chaise, *Mo fine léve làhaut mo cése.* Il s'est assis sur le lit, *Li té assise làhaut lilit.* Je vais me promener, *Mo alle promené.* Tu te reposeras, *To va posé,* etc. Quand le fait est abstrait, le verbe simple y suffit, alors même que le verbe serait essentiellement pronominal en français. — Ex. : Je me souviens, *Mo souvini.* Je me doutais, *Mo té douté, mo té gagne éne doutance.* Tu te tromperas, *To va trompé.*

Pour rendre le pronominal réciproque, quelquefois c'est le verbe simple : Ils se battent, *Zautes aprés laguérre, aprés tapé, aprés métté,* mais le plus souvent le créole doit de toute nécessité recourir à une périphrase qui serre le français de plus ou moins près, mais que les interlocuteurs interprètent facilement sans contre-sens. En voici quelques exemples : Ils s'entr'aident, *Zautes dé done lamain.* Ils se nuisent, *Zautes zéne zaute cimin.* Ils sont furieux l'un contre l'autre, *Zautes bouï*, zautes pour métté méme,* etc.

Dans certains cas enfin, le créole, voulant à toute force être du français, a des rencontres

---

* Ils sont bouillants (de colère).

comme celles-ci : *Napas lapéne zautes s'en mélé,* Ce n'est pas la peine qu'ils s'en mêlent, ou que vous vous en mêliez. *Qui vous s'en mélé, vous!* De quoi vous mêlez-vous, vous ! *Vous capabe s'en vanté,* Vous pouvez vous en vanter. A coup sûr ce n'est pas là du français ; mais est-ce bien du créole ?

Enfin, le néologisme a créé *éne à laute* qui traduit le pronom réciproque « l'un l'autre » dans toutes les positions : Ils s'aiment l'un l'autre, *Zautes content éne à laute.*

CONJUGAISON NÉGATIVE.

La négation *napas* traduit les particules « ne... pas » que le français sépare et que le créole réunit.

Napas précède immédiatement le verbe ou les parties auxiliaires. — Ex. : *Mo napas coné,* Je ne sais pas. *Li napas va causé,* Il ne parlera pas. *Zautes napas pour sourti,* Ils ne doivent pas sortir.

CONJUGAISON INTERROGATIVE.

« Est-ce que » égale *esqui,* et l'inversion du sujet n'a jamais lieu :

Est-ce que je sais, ou sais-je ? *Esqui mo coné ?* Où iras-tu ? *Cote to va allé ?* Comment vous portez-vous ? *Coment vous çava ?* Qui es-tu ? *Qui toi ?* Que faites-vous ? *Qui wou aprés fére ?* Quelle est votre route ? *Qui vous cimin ?*

Donc, pour la conjugaison négative et interrogative à la fois : N'êtes-vous pas là ? *Esqui vous napas là ?* N'est-il point venu ? *Esqui li napas fine vini ?* Ne prendront-ils pas ? *Esqui zautes napas va prend ?*

DU VERBE IMPERSONNEL.

Le pronom impersonnel « il » n'existe pas. Parfois, cependant, mais rarement, on le rend par le personnel *li;* c'est du néologisme.

Distinguons entre les impersonnels accidentels et les essentiels.

Le créole pour les premiers reprend la proposition personnelle, ou reproduit mot à mot le français en supprimant « il ». — Ex. : Il vient d'arriver deux navires de l'Inde, *Dé navires féque vine dans Linde.* Il faisait chaud, *Té fére çaud.* Il fait froid ce soir, *Fére frés àsoir.*

Quelquefois l'impersonnel faire disparaît. — Ex. :
Il commençait à faire noir, *Té comence sicour, sicour* (obscur).

Énumérons les impersonnels essentiels, et voyons ce que devient chacun d'eux :

« Il gèle », « il dégèle », « il neige ». Au sens propre ces verbes n'existent pas en créole : la géographie dit pourquoi.

« Il grêle ». Nous le notons pour mémoire, ce météore s'étant, il y a quelque quarante ans, produit à Maurice. *Ça zour là napas laplie dileau, laplie roces qui ti tombé,* Ce jour-là, c'est non une pluie d'eau, mais une pluie de pierres qui tomba ; ou mieux : *Napas dileau qui té tombe laplie, roces qui té tombe laplie,* Ce n'est pas de l'eau qui est tombée en pluie, ce sont des pierres qui sont tombées en pluie.

« Il pleut », « il tonne », « il vente ». Le créole les développe : *Laplie tombé,* la pluie tombe ; *tonére ronflé,* le tonnerre ronfle ; *divent souflé,* le vent souffle, ou tout autre verbe pittoresque.

« Il bruine ». *Ptit ptit laplie tombé,* Une toute petite pluie tombe.

De là des images : Il pleut sans discontinuer, *Laplie là assisé* (cette pluie s'assied). Il éclaire, *Zéclérs touye, casse, bourle, manze liziés* (les éclairs tuent, cassent, brûlent, mangent les yeux), etc.

« Il faut * ». *Bisoin,* il est besoin, qui prend toutes les particules auxiliaires. Il fallait, *té bisoin;* il faudra, *va bisoin;* il faudrait, *té va bisoin.* — Ex. : Il faudrait dix hommes pour défricher ce carreau *, *Té va bisoin disse doumoundes pour désavane ça carreau-là.*

« Il y a ». *Ena* ou *yéna*, et *gagné*. Ils prennent les auxiliaires. — Ex. : Il y aura de la pluie ce soir, *Pour éna laplie,* ou *pour gagne laplie à soir.*

« Il n'y a pas » donne *napas éna*, que la rapidité de la prononciation contracte en *napéna.* »

« Il importe » est trop savant ; nous avons *bon* qui traduit « il est bon ». — Ex. : Il importerait, il serait bon d'avoir des pétards, *Té va bon gagne pétards.*

« Il semble » se traduit bien par *Coment dire.* — Ex. : Azor a changé de monture ; il regrette

---

* Le créole, nous l'avons dit, va se rapprochant de jour en jour du français ; « il faut » y est possible aujourd'hui ; une chanson dit : *Faut travaille pour gagne son pain,* Il faut travailler pour gagner son pain ; mais la preuve que ce n'est pas là une forme créole, c'est qu'il est impossible de lui donner les auxiliaires, partant, de la conjuguer conformément au type du verbe créole.

l'ancienne, « parce que, semble-t-il, elle avait l'allure plus douce », *àcause, coment dire, so réssorts té plis douce* (ses ressorts étaient plus doux).

DU THÈME VERBAL.

Le verbe, nous l'avons dit, n'a qu'une forme en créole, et cette forme est une forme même du verbe français.

Le plus souvent c'est le participe passé du verbe français que le créole a retenu.

Il y a, ce nous semble, à ce fait une explication plausible : la fréquence et l'immobilité de la forme participe dans la proposition française. Tandis qu'aux temps simples la terminaison vient modifier la forme et le son du verbe, tous les temps composés, au contraire, ramènent à l'oreille le participe passé toujours sensiblement le même, l'*e* muet du féminin n'y créant que par exception une différence phonique appréciable. Le créole, qui s'est uniquement fait avec l'oreille, a donc nécessairement choisi dans le français le son qui lui revenait le plus fréquemment, et c'est du participe passé français qu'il a fait son verbe *.

---

* Lorsque le français a renoncé à la déclinaison du haut moyen âge, une sélection fondée sur des motifs analogues lui a fait retenir presque partout la forme accusative du nom et de l'adjectif, à l'exclusion de la forme du nominatif.

Dans les verbes de la première conjugaison française l'infinitif *er* et le participe *é* amenant un son identique, c'est dans l'intérieur de la seconde conjugaison que nous devons trouver la confirmation du fait que nous établissons. Bâtir, bouillir, remplir, étourdir, fournir, dormir, mentir, partir, sentir, sortir, tenir, venir sont en créole, *bâti, boui, rempli, tourdi, fourni, dourmi, menti, parti, senti, sourti, tini, vini;* mourir est *mort;* souffrir, couvrir, offrir sont *souffert, couvert, offert**.

Le fait sera surabondamment démontré quand nous aurons vu ce qu'il est advenu des verbes de la troisième et de la quatrième conjugaison française.

Rappelons d'abord au lecteur que les verbes en *oir* et en *re* sont de beaucoup les moins nombreux du français, la troisième conjugaison ne comptant que 30 et la quatrième que 60 verbes. Mais de ces quatre-vingt-dix mots, si l'on se souvient que le créole n'a mission de desservir que les plus humbles besoins de la vie, combien peu doivent lui être nécessaires, et, partant, combien lui être inconnus. Qu'avons-nous affaire ici de mots qu'ignore pres-

---

* On entend parfois *mo té souffri*, j'ai souffert; *mo couvri*, je couvre, c'est une tentative malheureuse pour se rapprocher du français infinitif.

que le français des humbles : prévaloir, condescendre, interdire, correspondre, etc. ? De toute la troisième conjugaison française huit verbes seulement sont de notre ressort : avoir, voir, savoir, devoir, asseoir, vouloir, valoir, pouvoir ; parce que seuls ils expriment des idées que nous ayons à traduire. Voyons ce que devient chacun d'eux.

Avoir, dépossédé de ses fonctions d'auxiliaire, est devenu *éna* ou *gagné* ;

Savoir a fait place au synonyme *coné*, connaître;

Asseoir a pris la forme *assisé* ;

Vouloir est *voulé* ou *vlé* ;

Pouvoir a disparu, remplacé par l'adjectif *capabe* ou *capave*, capable;

Devoir est *doite* ou *doit* : Il me doit, *Li doite moi* ;

Valoir est *vaut* : J'ai préféré, *Mo té vaut mié*, mieux ;

Voir, seul, est *voir*, : Je le verrai, *Mo va voir li* ; et encore est-ce un nouveau venu, le créole lui préférait *trouvé* ou *guétté*.

Sur ces huit verbes, deux, on le voit, ont complétement disparu, savoir et pouvoir; trois, avoir, valoir, devoir ont donné au créole la troisième personne de leur indicatif présent, *éna* (il en a), *vaut, doite;* un a persisté : voir; enfin les deux derniers : asseoir et vouloir sont devenus *assisé* et *voulé*, c'est-à-dire ont adopté la terminaison de la première conjugaison française.

Mais ce passage dans la conjugaison en *er*, ou mieux en *é*, nous le voyons se produire également pour nombre de verbes que le français termine en *re* *; entendre, *tendé;* mordre, *mordé;* moudre, *moulé;* vendre, *vendé;* descendre, *dicendé;* rire, *rié;* battre, *baté;* rendre, *rendé;* plaindre, *plaigné;* éteindre, *teigné;* connaître, *coné;* mettre, *mété,* etc. C'est qu'en effet, la première conjugaison française qui compte 3,620 verbes contre 440 pour les trois autres réunies **, était, par le fait même de cette supériorité numérique, le type duquel devaient tendre instinctivement à se rapprocher les formes d'un idiome qui, n'étant pas fixé par l'écriture, demeurait éminemment plastique et malléable.

L'attraction qu'exercent les corps est en raison directe de leur masse, dit la physique; cette grande loi semblerait vouloir une fois de plus se démontrer ici. Alors que toute force créatrice s'est

---

* Voire même en *ir*, une chanson dit : *Mo comère haïd moi,* Ma commère me hait. De conduire le cocher malabar a fait *coudiré*.

** *Dictionnaire de l'Académie*, édition de 1835.

retirée des conjugaisons en *oir*, en *re*, et même en *ir*, impuissantes à se recruter par la voie du néologisme, la conjugaison en *er*, au contraire, s'enrichit chaque jour de créations nouvelles, et, qui plus est, de lentes conquêtes sur ses rivales. Que des besoins nouveaux donnent entrée dans la langue française à un verbe nouveau, c'est un verbe en *er* qui se produit, et, pour ne pas sortir du cercle où doit se renfermer cette étude, nous donnons droit de cité chez nous à « désavaner », « déchicoter », « guaner », « claircer », « turbiner », et à bien d'autres encore. D'autre part, si le lecteur parcourt la liste des verbes défectifs * du français actuel, véritables moribonds que la vie abandonne insensiblement mais à coup sûr, alors qu'il n'en comptera que 6 dans la conjugaison en *er*, il en trouvera 13 dans celle en *ir*, 18 dans la seule conjugaison en *oir*, et 35 dans la conjugaison en *re*. Or, les pertes que fait la langue, elle doit de toute nécessité les compenser par des acquisitions nouvelles, et c'est, nous le savons, sur le type en *er* que se modèlent exclusivement les

---

* *Grammaire générale et historique de la langue française,* par M. P. Poitevin. M. A. Brachet réduit cette liste aux nombres suivants : 2 verbes en *er*, 6 en *ir*, 13 en *oir* ou *re*.

verbes nouveaux venus. Le douzième siècle connaissait « tistre », « afflire », le temps en a fait tisser, affliger; « tussir » est devenu tousser; « empreindre » cède la place à imprimer, etc., etc.

La conjugaison en *er* étant donc la conjugaison française par excellence, est par cela même la conjugaison essentiellement créole.

Quelques verbes de la conjugaison en *re* ne sont pas rentrés dans la conjugaison en *er :*

Perdre, cuire, confire ont retenu leur participe passé. — Ex. : *Vous perdi vous létemps,* Vous perdez votre temps. *Couit douriz,* Cuisez le riz. *Piments confit,* des piments confits.

Huit persistent sous la forme de leur infinitif : boire, croire, dire, lire, coudre devenu *coude, écrire* ou *crire,* faire prononcé *fére,* frire : *posson frire,* du poisson frit.

Prendre a son indicatif *prend.* — Ex. : On l'a pris, *Té prend li.*

Pendre et fendre ont une forme double : *pende* et *pendi, fende* et *fendi.*

Cette forme double existe dans tous les verbes en *é* qui changent l'*é* fermé en *e* muet chaque fois que la prononciation lie au verbe le complément qui suit; l'*i* final se change de même en *e* muet dans les verbes *fini, tini, vini*. — Ex. : *Mo cone li*, Je le connais. *Li vine av moi*, Il vient avec moi. *Voulé, sivré*, vouloir, suivre, gardent toujours l'*é* fermé.

DES VERBES COMPOSÉS.

De « tenir » le français a formé, ou reçu tout formés du latin, retenir, contenir, détenir, maintenir, soutenir, etc.; de même de « tourner » il a fait détourner, retourner, contourner, etc. Le créole ne reconnaît le composé qu'alors que la signification du verbe simple est tellement distante que l'emploi en rendrait la phrase inintelligible. Il dira *Fonce laporte,* Enfonce la porte. *Napas fonce mo çapeau,* Ne défoncez pas mon chapeau. *Mo posé,* Je me repose. *Ene damèzane tine houitte boutéyes,* Une damejeanne contient huit bouteilles. *Li fine lévé,* Il s'est relevé. Au besoin la particule itérative *re* se rendra par encore : Il est retourné, *Li fine tourne encore.* Il est revenu, *Li fine vine encore.* Il a redit, repris, redemandé, *Li fine dire, prend, dimande encore,* etc.

Certains verbes simples subissent eux-mêmes cette aphérèse de la première syllabe : imaginer, *maziné;* écumer, *quimé;* étourdir, *tourdi;* attacher, *tacé,* etc., etc. *

En revanche certains verbes simples ont disparu au profit d'un composé : mener est *améné,* emplir est *rempli.* Enfin le créole a créé certains composés que le français ne connait pas : Je commence à le haïr moins, *Mo comence déhaïe li morceau* (à le déhaïr un peu), où la particule résolutive *dé* de délier, dégourdir est correctement employée. De même *délargué, démaillé, décessé,* etc.

FORCE VERBALE DONNÉE AU SUBSTANTIF ET A L'ADJECTIF.

Certains substantifs et certains adjectifs ont reçu la force verbale : ils prennent les auxiliaires et reçoivent le régime comme de véritables verbes :

Bomatin mo té laçasse perdrix, Ce matin j'ai chassé la perdrix.

Asoir mo pour lapéce houritte, Ce soir je dois pêcher à l'houritte.

Mo té pér so papa, J'avais peur de son père.

Mo va content toi, Je t'aimerai.

---

* Voir à la phonétique.

Li fine volor ou *li fine coquin mo larzent*, Il a volé mon argent.

Mo soif divin, mo faim laviande, J'ai soif de vin, j'ai faim de viande.

Mo pour çagrin toi, Je vais te regretter.

Çarite moi éne cace, Faites-moi l'aumône d'un cache.

Li té honté so manman, Il avait honte de sa mère.

Li fine sale mo robe, Il a sali ma robe.

Çarles, lésse moi prope vous zoréyes, Charles, laissez-moi nettoyer vos oreilles.

Gardien mo cése, sivouplé, Gardez ma chaise, s'il vous plaît.

Pointi vous dibois, li napas piqué, Taillez votre morceau de bois en pointe, il ne pique pas, etc., etc.

L'adverbe debout a formé le verbe *dibouté* (« to stand ») : *Mo napas pour dibouté mo bisoin assisé,* Je ne resterai pas debout, j'ai besoin de m'asseoir.

DE QUELQUES VERBES EMPRUNTÉS A LA LANGUE NAUTIQUE.

Si le créole dérive du français, ce n'est pas, le lecteur le sait de reste maintenant, de la langue littéraire, mais exclusivement de la langue parlée. Les premiers colons de cette ile, nos vieux papiers de famille sont là pour le dire, appartenaient presque tous aux provinces maritimes de la France, pour les deux tiers au moins à la Bretagne. De là le nombre considérable de termes créoles empruntés au vocabulaire nautique, à l'exclusion des synonymes qu'emploie le français même familier.

Renverser est *çaviré* ou *capoté*, chavirer, capoter. Tourner, retourner est *viré*, virer. Attacher est *amaré*, amarrer. Lâcher, dénouer est *largué*, larguer. Aborner, limiter est *balizé*, baliser; d'où *balizaze*, abornement, limite. Heurter est *abordé*, aborder. Saisir est *souqué*, souquer. Alléger est *soulazé*, soulager. Préparer est *paré*, parer. Trainer, tirer est *hissé*, hisser, etc., etc.

Mais le créole n'a garde d'employer ces mots dans toutes les acceptions du mot français correspondant; il leur conserve le sens que leur donne la langue nautique.

Ainsi, Retournez mon matelas, *Vire mo matelas;* mais Retournez chez vous, *Tourne vous lacase.*

On l'a saisi par le cou, *Fine souque li dans so licou;* mais J'ai été saisi, interloqué, *Mo té sési.*

Attachez votre peignoir, *Amare vou pénoir;*

mais Il s'attache à moi, il ne veut pas me lâcher, *Li tace av moi, li napas vlé largué.*

La longuevue tire, traîne à vous un navire qui est dans le lointain, *Longuevie hisse av vous éne navire qui dans loin;* mais Tirez, ôtez vos souliers, *Tire vous souliers.* Ne laissez pas trainer votre robe, *Napas lésse trale vous robe.*

Largué est le verbe simple pour lâcher, mais que le nœud résiste, c'est *délargué :* On a attaché ce cordon de façon que je ne puis le dénoüer, *Zautes fine amare ça cordon là éne magnére qui mo napas capav délargue li.*

Le lecteur trouvera plus loin, dans nombre de locutions des preuves surabondantes de cette influence de la langue nautique sur le patois créole.

CHOIX DU VERBE PITTORESQUE.

Le créole recherche l'image, et l'image résulte surtout du choix du verbe: c'est donc toujours le verbe pittoresque que préfère le créole. Bien que la démonstration de ce fait se trouve éparse dans tout le cours de cette étude, les quelques exemples suivants accuseront mieux encore ce trait caractéristique du créole.

Il m'a donné un coup de pied, *Li fine envôye moi éne coudepied.*

Il m'a jeté des pierres, *Li fine ronflé moi couderoces.*

Je lui tire mon coup de fusil, *Mo pétte li mo coudefisil.*

J'étais en nage, *Mo lécorps té coule dileau.*

Le cheval était couvert d'écume, *Çouval té quime dileau.*

Il me fait les gros yeux, *Li tire so lizié av moi.*

Je lui ai clos le bec, *Mo fine saute so labéc* (*sauté,* enlever).

On lui a donné une dose de sel, *Fine passe li éne dose disél.*

Il exerce sa langue à mes dépens, *Li batte lalangue làhaut moi.*

Il dit de moi des choses indignes, *Li lave so labouce av moi.*

Sa folie recommence, *So fouca lévé.*

Depuis ce matin je marche, *Dipis bomatin mo pile cimin.*

Ma robe éclipse la tienne, *Mo robe casse ça qui pour toi.*

Bien mis aujourd'hui, en guenilles demain, *Azourdi casse en fin, dimain tape langouti,* etc., etc.

Le verbe *travaillé* est le verbe essentiel pour

tous les noms de métier, de profession. — Ex. :
Que fait-il? Quel est son état? *Qui li travaille?*
Il est ferblantier, avocat, maçon, médecin, *Li travaille ferblanquié, zavocat, maçon, doctére*, etc.

L'étude de deux ou trois verbes complétera notre démonstration.

Courir a donné le créole *couri*, mais au sens particulier de se sauver, s'enfuir : Je viens, il se sauve, *Mo vini li couri*. Courir, quand c'est le fait pur et simple, est *galoupé* ou *galpé*, qui est déjà descriptif : Je cours mieux que toi, *Mo galpé mié qui toi*. Mais sous le plus léger prétexte, vingt synonymes vont arriver, apportant chacun leur image, et « je cours » sera : *mo largué*, je lâche; *mo bourré*, je bourre; *mo vané*, je vanne; *mo balié*, je balaye; *mo piqué*, je pique; *mo taillé*, je taille; *mo diciré*, je déchire; *mo off!* C'est le signal du starter, ce sont les jambes qui s'ouvrent au point de faire craindre que le tronc ne se déchire par le milieu, c'est l'éperon du jockey, c'est le jeu des ciseaux, la balle du grain que chasse le van, la poussière qu'enlève le balai. N'est-ce pas assez : *Lezéles av moi*, J'ai des ailes; *Mo iéve*, Je suis un lièvre; au besoin ce sera plus rapide encore : *Houn! àcote moi?* Houn! où suis-je?

Fané, c'est répandre, éparpiller, séparer. — Ex. : *Fane dileau par térre,* Répandre de l'eau par terre. *Napas lésse en tas, fane zautes,* Ne les laissez pas en tas, séparez-les. On vous offre un verre de vin, vous en demandez deux doigts ; c'est un rouge bord qu'on vous sert. Il n'y en a réellement que deux doigts, mais *dé doigts fané.*

L'emploi de faner au sens de répandre a pénétré dans notre français-créole. Un jeune homme chargé dans un repas de noce du toast traditionnel aux demoiselles, n'hésitait pas à terminer son improvisation par cette image heureuse : « Messieurs, Aux roses fanées autour de cette table ! »

DE L'ADVERBE.

ADVERBES DE MANIÈRE.

Les adverbes en « ment » que le créole emploie, sont les mots français eux-mêmes ; mais ils sont fort peu nombreux. — Ex. : Allez vite, *Alle vitement.* Parlez bas, *Cause doucement.*

Le créole substitue volontiers l'adjectif à l'adverbe. — Ex. : J'étais assis tranquillement, *Mo té assise tranquille*. Il m'a parlé malhonnêtement, *Li té cause malhonéte av moi*. Ils ne savent pas travailler proprement, *Zautes napas cone travaille prope*, etc.

« Bien » et « mal » sont créoles.

« Mieux * » est plutôt *plis mié*. Le lecteur reconnaitra le proverbe : *Plis vaut mié vous pitit gagne larhime qui vous arrace so nénez*, Il vaut mieux laisser votre enfant morveux que de lui arracher le nez.

« Pis » est *plis pire*. D'où : « tant pis » est *tant pire*.

« Tant mieux » est *tant mié* ou *bienfé*, bien fait. — Ex. : Le médecin Tant pis et son confrère Tant mieux, *Doctére Tant pire sembe son camerade Bienfé*.

ADVERBES DE LIEU.

Où. Le créole le rendait toujours par *àcote* ou *cote*, à côté. — Ex. : La maison où il demeure, où il va, d'où il vient, par où il passe, *Lacase àcote li resté, àcote li allé, àcote li vini, àcote li passé*.

---

* Je préfère est devenu *mo vaut mié*. Je préfère mourir que de rester dans cette maison, *Mo vaut mié mort qui rèste encore dans ça lacase là*.

Aujourd'hui, « où » conjonctif, entre deux verbes, est toujours *àcote*. — Ex. : Dis-moi où tu vas, *Dire moi côte to allé;* mais où interrogatif peut se traduire par *où li** ou bien *où lili*. — Ex. : Où est ta mère ? *Où li to manman ? Où lili to manman ? Acote to manman ?*

Ici. Viens ici, *Vine ici.*

Là, *là* ou plutôt *làbas*. — Ex. : C'est là qu'il demeure, *Làbas même li résté.*

Dessus, dessous sont *làhaut*, *enbas*. Donc : Vous l'avez mis sens dessus dessous, *Vous té métte li son làhaut enbas.*

Devant, derrière sont *divant, dériére*. — Ex. : Ne le portez pas sens devant derrière, *Napas améne li so divant dériére.*

Dedans, *didans* ou *endans*. — Ex. : Sa maladie est intérieure, *So malade endans.*

Dehors, *dohors*. — Ex. : Je dois dîner en ville, *Mo pour dine dohors.*

Partout aujourd'hui *partout*. Le français quelque part étant *quiquepart,* partout était *tout quiquepart*. — Ex. : Je l'ai cherché partout, je ne l'ai

---

* *Où li to manman ?* mot à mot, où est-elle ta mère ? Puis le redoublement qu'affectionne le créole a fait *où lili*. Où ça donne de même *où çaça;* nous avons vu *qui çaça,* qu'est-cela ?

trouvé nulle part, *Mo fine rôde li tout quiquepart, mo napas fine trouve li auquéne part.*

Ailleurs, *lautepart*. — Ex. : Vous le trouverez peut-être ailleurs, *Quiquefois ou a trouve li lautepart* ou *éne lautepart.*

ADVERBES DE TEMPS.

Hiére, avanhiére, azourdi et par abréviation *zourdi* et *dourdi, dimain, aprésdimain, bientôt,* qui est nouveau en créole, *souvent, quiquefois, touzours, zamés, longtemps,* etc.

Je l'ai vu il y a deux jours, *Mo té voir li laute avanhiére.*

Maintenant, à présent sont *açthére*, à cette heure, qui a pour corrélatif *lhére là*, à ce moment-là.

Tout de suite, à l'instant, *toutsite.*

Autrefois, jadis, *lautefois, lé temps margoze,* au temps amer.

Tantôt. Le créole ne le connaît que comme synonyme de dans l'après-midi. — Ex. : L'après-midi se faisait, *Té comence tantôt.* Une après-midi, *Éne zour tantôt*, ou plus brièvement *Éne tantôt**.

---

* On dit aujourd'hui : *Li sourti tout lé tantôt*, Il sort toutes les après-midi. C'est une des portes par lesquelles l'article pluriel « les » est entré dans le créole. Voir plus haut au chapitre de l'Article.

Quant à tantôt répété, le créole le traduit en répétant *éne fois*. — Ex. : Il dit tantôt oui, tantôt non, *Éne fois li cause oui, éne fois li cause non.*

ADVERBES DE QUANTITÉ.

Beaucoup, *boucoup, bon morceau, plein.*

Je le connais beaucoup, *Mo cone li boucoup.* Je souffre beaucoup de la tête, *Mo latéte boucoup fére mal.*

Beaucoup d'argent, *Bon morceau larzent.* J'ai beaucoup de gâteaux pour vous, *Mo éna plein bonbons pour wous.*

Une quantité, *éne bande*, qu'on prononce aussi *éne banne*. Il a répandu une quantité d'eau par terre, *Li fine fane éne bande dileau partére.*

Assez. Assez me conter de bourdes, *Assez fére vous mirac av moi* (vos miracles). Quand « assez » est le dernier mot de la phrase, on le fait volontiers suivre de *boucoup*. — Ex. : Vous ne m'en donnez pas assez, *Vous napas done moi assez boucoup.*

Peu, *napas boucoup.* — Ex. : Il a peu d'esprit, *Li napas boucoup siprit.* Je le connais peu, *Mo napas cone li boucoup.*

Un peu, *éne pé,* mais il est relativement récent.

Un peu était *morceau*. Donnez-moi un peu d'eau, *Done moi morceau dileau*. Attends-moi un peu, *Aspére moi morceau*.

« Un peu » se rapprochant de « assez », est *éne pé boucoup*. — Ex. : Il y avait un peu, assez de monde, *Té gagne inpé boucoup dimoune*.

Un petit peu, très-peu, *éne ptit morceau, éne guine*, éne ptit guine*. Donc :

Un tout petit peu, *éne guineguine* ; et enfin, *éne tout ptit guineguine*, avec lequel nous sommes aux fractions infinitésimales, aux atomes. — Ex. : On m'a battu parce que j'avais volé un grain de sucre, *Zautes té amarre moi àcause mo té volor éne tout ptit guineguine disique*.

Trop, *trô*. — Ex. : Il parle trop, *Éna trô labouce av li*. Il est trop en-dessous pour que je me fie à lui, *Li trô enbas enbas pour mo fié li*. Les Malabars diront toujours *trop boucoup*.

Si et tant se juxtaposent. — Ex. : Je vous aime tant, *Mo sitant content vous*. Il est si nonchalant, *Li sitant gnangnan*.

Très, fort n'existent pas, bien les remplace. — Ex. : Il est très-malade, *Li bien malade*, ou *Li ma-*

---

* C'est vraisemblablement le français *guigne*. Je n'ai pas pour une guigne de chance.

lade méme, Li bien malade méme. Même ajoute singulièrement à l'énergie de l'expression et aide par là à rendre une foule de superlatifs. — Ex. : C'est très-bien, *Li bien méme.* C'est tout à fait bien, *Li bienbien méme.* Il était très-bien mis, *Li té faraud méme.* Courez! *Taillé méme!* Dépêchez! *Dégazé méme!*

Plus, le plus sont *pli.* — Ex. : Plus doux, *Pli douce.* Devant « que », un substantif, ou comme dernier mot de la phrase, c'est *plisse.* Plus d'argent, *Plisse larzent.* Plus que toi, *Plisse qui toi.* J'en veux plus, *Mo vlé plisse.* Le Malabar dit *plis boucoup.*

Moins, le moins n'existent pas, c'est *plis ptit morceau, plis ptit guine,* ou *napas sitant.*

Plus répété donne *tantplisse* répété. — Ex. : Plus je la vois, plus je l'aime, *Tantplisse mo trouve li, tantplisse mo content li.*

Aussi, *oussi.* Le créole ne l'employait guère qu'avec la valeur de « de plus ». Toi aussi, *Toi oussi.* Son père aussi, *So papa oussi.*

Ne... plus, *napli... encôre.* — Ex. : Je ne le ferai plus, *Mo naplis va fére li encôre.*

ADVERBES D'AFFIRMATION ET DE NÉGATION.

Oui a souvent pour synonyme *sifé*, si fait, et Non, *napas*. Mais en leur lieu et place arrivaient volontiers deux sons inarticulés que l'écriture est impuissante à figurer. — Ex. : Viendrez-vous ? *Esqui wou a vini?* Oui, *Houn!* — Non, *Houn whoun!* Il y faudrait l'intonation et le mouvement de la tête et des épaules.

PARTICULES CONFIRMATIVES.

Ça. Qu'est-ce ? *Qui çaça?* Où ? *Côte çaça.*
Là. Hé vous ! *Hé vous là.* Le voilà, *Avlà li là.*
Come ça. Je lui dis : attends un peu, *Mo dire li come ça, aspère morceau.*
Méme. Tiens bon ! *Tiómbo méme !*
Oui. Vraiment, il sait, *Li coné, oui.*
Sifé va. Oui vraiment, je l'aime, *Sifé va, mo content li.*

Nous en verrons d'autres à l'interjection.

DE CERTAINS ADVERBES ET DE QUELQUES LOCUTIONS ADVERBIALES.

Peut-être, aujourd'hui *pitéte.* C'était *quiquefois,* quelquefois. — Peut-être viendra-t-il, peut-être ne viendra-t-il pas, *Quiquefois li a vini, quiquefois li napas va vini.*

Au hasard, à l'aventure, sans réflexion, *bonavini*. — Ne choisis pas, prends au hasard, *Napas çosir, prend bonavini.* Il n'est pas bon de parler sans réflexion, *Napas bon cause bonavini.*

Soi-disant, *censé*. — Ex. : Comment es-tu ici, tu étais soi-disant malade, *Coment to ici, censé to té malade.*

En suspens, dans le doute, *Enpendant* *. — Ex. : Je suis en suspens, je ne sais quoi faire, *Mo enpendant, mo napas coné qui mo a fére.*

Comment, comme, *coment* ou *côma*. — Ex. : Il est grand comme Eugène, *Li grand coment Izéne.* Il n'y a pas de petits-maîtres comme les marins, *Napas farauds coment matilots,* dit une chanson ; la prose prononce *matlots*.

Comme si, *coma dire*. — Ex. : Il fond sur moi comme s'il voulait me tuer, *Li fonce làhaut moi, coma dire li té vlé touye moi.*

Environ, aujourd'hui *approçant*. — Ex. : Il y avait environ huit ans, *Té éna approçant houite bananées.* On disait *Té éna houite bananées come ça.*

---

* *Enpendant* traduit « suspendu » au propre : D'armoire point, tous ses vêtements sont suspendus à des cordes *Lormoire napas, tout so linze enpendant av lacôrdes.*

Au milieu de deux, *dans mitan*. — Ex. : Frappe la bille du milieu, *Tape canétte dans mitan.* Mais : Au milieu du bassin, *Dans milié bassin.*

Ensemble, *ensembe, sembe,* et même *ensembre.* Il remplaçait la conjonction « et ». — Ex. : Son fusil et son chien, *So fisi sembe so licien. Sembe* traduisait « avec ». — Ex. : Les garçons avec les filles, *Garçons ensembe filles.* Couvert avec du vétiver, *Couvért ensembe vitiver.*

Come ça méme. C'est là un des idiotismes qui frappent le plus l'étranger. Cette locution, d'un emploi très-fréquent, est l'équivalent de vingt expressions françaises ; elle traduirait : ni bien ni mal, sans propos délibéré, je ne sais trop pourquoi, à la bonne franquette, et bien d'autres :

— Comment vous portez-vous aujourd'hui ? — *Come ça méme.*

— Comment trouvez-vous que j'aie chanté ? — *Come ça méme.*

— Pourquoi l'avez-vous fait ? — *Come ça méme.*

Le marquis de Mascarille, au lieu de : « Tandis que sans songer à mal je vous regarde », aurait dit : *Lhére mo aprés guéte vous come ça méme,* etc., etc.

Pi. Le verbe « puer » l'a formé. — Ex. : Ça ne

s'appelle pas sentir mauvais ; les guêpes mêmes n'y peuvent tenir, *Napas pêle senti pi, mouces zaune même napas capave tini.* Bien des gens ici, dans leur français un peu aventureux, disent : « Dieu ! que ça sent pu. »

Dégageons quelques faits généraux de cette très-longue énumération.

Les idées abstraites de quantité, de temps et de lieu, sont représentées d'aussi près que possible en créole par les substantifs concrets *morceau,* pour la quantité, *lhére,* l'heure, pour le temps, *cote,* côté, et *part*,* pour le lieu. A l'aide de compositions dont ces substantifs faisaient la base, le créole s'arrangeait pour se passer de la plupart des importations dont on l'a graduellement enrichi.

Une certaine quantité d'eau, c'est *morceau dileau;* beaucoup d'eau, *bon morceau dileau;* peu d'eau, *ptit morceau dileau.* Le redoublement de l'adjectif nous donnera *bon bon morceau dileau,* une très-grande quantité d'eau ; *ptit ptit morceau dileau,* une très-petite quantité d'eau ; et, composition plus originale encore, il suffira de répéter le

---

* *Part,* dégagé des locutions françaises « quelque part, nulle part, d'autre part », est en créole l'équivalent du nom « lieu ». — Ex. : Je dois aller dans un lieu où tu ne peux pas venir, *Mo pour alle éne part qui to napas capabe vini.*

substantif lui-même pour traduire « ni peu, ni beaucoup »; « ni trop, ni trop peu ». — Ex.: Ne m'en donnez ni trop ni trop peu, *Done moi morceau morceau.*

DE LA PRÉPOSITION.

Le créole, en simplifiant le nombre des rapports des mots entre eux, devait nécessairement diminuer le nombre des prépositions; mais il est curieux de constater la disparition des deux prépositions « à » et « de », celles précisément qu'emploie le plus souvent le français et dont, par conséquent, il pouvait sembler *à priori* que le créole dût le moins facilement se passer. Les voici, l'une et l'autre, dans la plupart de leurs fonctions; on verra comment le créole les supprime ou les remplace.

À. J'ai donné une robe à Jeanne, *Mo finé done Zanne éne robe.*

— Cette robe est à Jeanne, *Ça robe là pour Zanne.*

— J'ai remis la robe à Jeanne, *Mo finé done robe av Zanne.*

— Je demeure à Moka, *Mo réste Moka.*

— Je vais à Moka, *Mo alle Moka.*

— Je vous renvoie à lundi, *Mo renvóye vous lindi.*

— Il a de cinq à six ans, *Li éna cinq six bananées.*

— Des souliers à talons, *Souliers talons.*

— Toile à matelas, *Latouéle matelas.*

— Une sauce aux piments, *Éne lasauce piments.*

— Tenez votre chapeau à la main, *Tine vous çapeau dans vous lamain.*

— Mettez les chevaux à la voiture, *Métte çouvals dans caléce.*

— Tournez à droite, *Vire dans vous lamain drétte.*

— La chasse au lièvre, *Laçasse iéve.*

Enfin, devant un infinitif :

— J'aime à rire, *Mo content rié.*

— Nous avons à sortir, *Nous éna pour sourti,* la préposition *pour* marquant le futur.

De. La maison de mon père, *Lacase mo papa.*

— Je viens du grand port, *Mo vine grand pôrt.*

— Un chapeau de Manille, *Éne çapeau Manille.*

— Un chatignis de mangues vertes, *Éne çatinis mangues vert.*

— Une bouteille d'encre, *Éne boutéye lenque.*

— J'ai perdu une heure de temps, *Mo fine perdi éne hére létemps*.

— Une aune de ruban, *Éne laune riban*.

— Un ruban d'une aune, *Éne riban éne laune*.

— Otez vos souliers, *Tire souliers dans vous li-pieds*.

— Un grand mal de tête, *Éne grand malade la-téte*.

— Il a peur de vous, *Li pére wou*.

— Un noir du continent, *Éne noir grand térre*.

— Un Anglais, *Éne Anglés, éne blanc Anglé-térre*.

— Un Français, *Éne blanc en France*.

Enfin, devant un infinitif :

— J'ai envie de boire, *Mo envie boire*.

— L'heure d'aller se coucher, *Lhére pour alle dourmi*, la préposition *pour* marquant le futur.

À n'existe que dans quelques compositions adverbiales : *àcote*, où ; *àçthére*, à présent. *De* est partie intégrante d'un grand nombre de noms composés. Ainsi, coup de tête, *coudetéte;* coup de pierre, *couderoce;* coup de pied, *coudepied;* coup de poing, *coudepoing*, où les parties sont indivisibles en créole. La preuve en est qu'on dira non « Jeter une pierre », mais *Envôye éne couderoce*, dût la pierre ne point porter coup. *Coudepoing* est si bien un seul et même mot que « poing » n'existe pas dans le créole qui dira : *Monte to coudepoing,* Montre ton poing, *Fréme to coudepoing,* Ferme ton poing. D'autre part, « pied » et « tête » ont ici perdu l'article qui en est devenu partout ailleurs partie intégrante, *latéte, lipied*. Enfin, en dehors de ces locutions consacrées, on dira : *Anons boire éne coup larac,* Allons boire un coup d'arac. *Li fine flanque moi éne coup lamance balié,* Elle m'a donné un coup de manche à balai.

Pour. Nous avons vu sa fonction d'auxiliaire dans la conjugaison du verbe. — Ex. : *Mo pour manzé,* Je vais manger, je dois manger. Nous l'avons vu marquant la possession. — Ex. : Le mien vaut mieux que le tien, *Pour moi plis vaut mié qui pour toi.* Dans ses autres emplois, le créole s'en passerait volontiers. — Ex. : Pour une piastre de sucre, *Éne piasse disique.* Engagé pour un mois, *Engazé éne mois.*

Par. Par n'existe pas dans le complément passif. — Ex. : On est fatigué par ses cris, *Doumounde lassé av son guélé.* Il n'existe pas non plus au sens distributif. — Ex. : Je donnerai deux piastres par homme, *Mo va done dé piasses éne éne doumounde.* Non plus que dans le sens de « à travers ». — Ex. : J'ai passé par les Pamplemousses, *Mo té passe Pamplémousses.* Pas davantage quand il signifie « par le moyen de ». — Ex. : Nous sommes venus par bateau, *Nous té vine dans bateau.*

Nous ne le rencontrons que dans quelques locutions : *par làhaut, par enbas, par ici, par làbas.*

Avant, après. Le créole les connait aujourd'hui. Mais, au moins à la question de lieu, il leur préfère « devant » et « derrière ». Il demeure après le Pont-Bourgeois, *Li réste dériére Pont-Bourzois.*

Avec, *avéque*, le plus souvent *av*, quelquefois *éc*. C'est la plus usitée des prépositions créoles. Outre tous les usages que connaît le français, elle en a plusieurs autres. Nous l'avons vue au passif. — Ex. : J'ai été bien trompé par cet enfant, *Mo té bien trompé av ça pitit là.* Au sens de « à ». — Ex. : J'ai remis la lettre à sa femme, *Mo fine done létte av so Madame.* Au sens de « de ». — Ex. : Malade de chagrin, *Malade av. çagrin.* Elle traduit de plus la préposition « contre » dans la plupart des cas. — Ex. : Il est en colère contre moi, *Li encoléré av moi.* Appuyez-le contre la porte, *Métte li dourmi av laporte.* Ils se sont tous mis contre moi, *Zautes tout té mette av moi.*

Sur, sous, *làhaut, enbas.* Sur la tête, *Làhaut latéte.* Sous les pieds, *Enbas lipieds.*

Dans. Tous les emplois du français. — Ex. : Nous avons vu le cheval à la voiture, *çouval dans caléce*.

Depuis, *dipis*. Depuis ici jusque-là, *Dipis ici zousquà-là;* mais le créole disait avant qu'il connût *zousquà* ou *zisquà*, jusque, au lieu de : J'ai sauté depuis ici jusque là, *Mo té saute dipis là, dipis-là*, ce qui était plus original.

Devant, derrière, *divant, dériére*.

Près de, à côté de, *àcôte* ou *cote*. — Ex. : Assieds-toi près de moi, *Sise côte moi*.

Proche de, *proce*, et surtout *tout proce*. — Ex. : C'était proche du rivage, *Té tout proce bord la mére*.

Chez, *lacase*. — Ex. : Allez chez Monsieur Lucien, *Alle lacase Msié Licien*. Ici le créole a, par un hasard singulier, retrouvé le mot du latin populaire par delà sa transcription française : chez, on le sait, est l'ablatif *casâ*.

Pendant, *pendant*.

En n'existe que dans quelques locutions : *en lére*, en l'air, *enbas, enpendant*, en suspens.

Sans est d'introduction assez ancienne. — Ex. : Vantard sans argent, *Vantard sans disél* (sans sel).

Voici n'existe pas. Voilà est *avlà* qui traduit à la fois « voici » et « voilà ». — Ex. : Voici ou voilà ta sœur, *Avlà to sére;* ou, pour plus de précision, *Avlà là to sére.* Le voici, le voilà, *Avlà li là.*

Dès, vers, envers, devers, entre, parmi, hors, outre, etc., n'existent pas : le créole y supplée par quelque périphrase.

DE QUELQUES LOCUTIONS PRÉPOSITIVES.

Au delà de, par delà sont *laute coté.* En deçà de, *ça côte ici.* — Ex. : Il demeure au delà de la rivière, en deçà du corps de garde, *Li réste laute côté larivière, ça cote ici cordegarde.*

Loin de est *loin;* près de est *proce, à côte, cote.* — Ex.: Loin de la porte, près du lit, *Loin laporte, cote lilit.*

Par-dessus est *par làhaut;* par-dessous est *par enbas.*

Au-dessus de est *làhaut;* au-dessous de est *enbas.*

A cause de est *àcause;* avant de est *avant.*

Le long de est *tout dilongue.* — Ex. : Le long de la route, *Tout dilongue cimin.*

Vis-à-vis existe.

Au lieu de est *aulière.* — Ex. : Taisez-vous au lieu de parler, *Fréme vous labouce aulière causé.*

DE LA CONJONCTION.

Dans le créole, la phrase, si phrase il y a, n'est qu'une série de propositions juxtaposées plutôt que coordonnées ou subordonnées les unes aux autres, et les rapports qui les unissent entre elles sont assez évidents pour que l'esprit les perçoive sans le secours d'aucun lien extérieur. La fameuse règle du « que retranché » n'a jamais trouvé terrain plus propre à son plein épanouissement. — Ex. : Je crois qu'il viendra, *Mo croire li va vini*. J'ai peur qu'il ne s'en aille, *Mo pére li allé*. Je veux que tu t'asseyes, *Mo vlé to assisé*. — L'emploi du *qui* traduisant le « que » français est ici bien plutôt un luxe qu'une nécessité, et la phrase, qui s'en passait, en reçoit un je ne sais quoi d'emphatique et d'apprêté : on dirait un acheminement un peu gauche de la langue parlée vers la langue écrite.

Il serait oiseux de prendre une à une toutes les conjonctions ou locutions conjonctives du français pour montrer ce qu'en fait le créole, qui n'en fait rien. Il suffira de faire voir comment le créole se passe de celles-là mêmes dont l'emploi est le plus nécessaire au français et d'indiquer ce qu'il fait de quelques autres.

Et n'existe pas. — Ex. : Son père et sa mère, *So papa sembe so manman.* Du riz et du cari, *Douriz av cari.* De l'eau et du vin, *Dileau divin.* Je suis allé et revenu, *Mo fine allé mo fine tourné,* etc.

Ni n'existe pas. — Ex. : Son père ni sa mère ne veulent, *So papa so manman napas vlé;* ou plutôt, car nos gens sont bavards et les mots ne leur coûtent rien, *So papa napas oulé so manman napas oulé.* Il n'est ni blanc, ni noir, *Li napas blanc, li napas noir.*

Ou est *oubien,* ou se supprime. — Ex. : Que préférez-vous, des patates ou du magnoc ? *Qui vous plis vaut mié, batates oubié mayoc ?* Qu'aimes-tu mieux, mon enfant, ton papa ou ta maman ? *Qui to plis content, mo pitit, to papa to manman ? Lavianne.* Le besoin des aliments richement azotés est impérieux.

Mais, aujourd'hui *més.* On s'en passait, et il s'emploie surtout comme interjection. — Ex. : *Més to malbar !* Mais tu es malabar ! tu geins, tu te plains pour rien. Ailleurs, on le supprime facilement : Ce n'est pas bleu, c'est vert, *Ça napas blé, li vére.* Je voulais sortir, mais la pluie m'en a empêché, *Mo té vlé sourti, laplie té empéce moi.*

Si. Distinguons entre les deux sens de la conjonction si en français :

« Dites-moi s'il vient ? » C'est une question qui ne prévoit pas la réponse, laquelle peut être affirmative ou négative. La conjonction est franchement dubitative ; l'hypothèse est double ; qu'il vienne ou qu'il ne vienne pas, vous me le direz, c'est le latin *utrum*.

« S'il vient, dites-le-moi. » Ici le cas est simple : vous ne parlerez que s'il vient ; il n'y a point d'alternative.

Le créole distingue rigoureusement. Toutes les fois qu'il y a alternative, « si » se traduit par *sipas* *. — Ex. : Dites-moi s'il vient, *Dire moi sipas li vini.*

Dans le cas de l'hypothèse simple, c'est *si*, comme en français. — Ex. : S'il vient, dites-le-moi, *Dire moi si li vini.*

Mais cette conjonction *si* est d'introduction probablement récente puisque le créole emploie une construction qui la supprime. — Ex. : S'il vient, dites-le-moi, *Dire moi lhére li vini.* Si tu fais cela, tu vas voir ! *Lhére to fére ça, to a voir !* l'idée précise de temps se substituant à l'indécision de l'hypothèse. Dans certains cas, en effet, la nuance

---

* *Sipas* pourrait bien être le *sipas* de je ne sais pas, avec lequel à coup sûr sa parenté est étroite.

entre les deux est fugitive : « S'il venait, j'étais là »
est bien voisin de « Quand il venait, j'étais toujours là. » Le créole allant instinctivement au fait
concret, disait et dit encore de préférence : *Lhére li té vini, touzours mo té là.*

Voici quelques exemples pour conclure :

Je ne sais s'il viendra ou non, *Mo napas coné sipas li pour vini.*

Je demande si vous êtes fou ou non, *Mo dimandé sipas ous fou.*

Regardez s'il est là ou non, *Guété sipas li là.*

Mais :

S'il vient, nous le tuerons, *Si li vini* ou *Lhére li vini, nous va touyé li.*

Si ce n'est toi, c'est donc ton frère, *Si napas toi* ou *Lhére napas toi, bisoin to frère* (il faut que ce soit ton frère).

Quaméme, pour quand même, traduit « toutefois », « néanmoins », « cependant », « quoique », « bien que ». — Ex. : Je te l'ai défendu et cependant tu l'as fait; Tu l'as fait quoique je te l'aie défendu, *Mo té empéce toi, to té fére li quaméme; To té fére li quaméme mo té empéce toi.*

Après que, avant que, sitôt que, pour que, pendant que, depuis que, jusqu'à ce que, laissent tomber la conjonction « que ». — Ex. : Depuis qu'il est venu jusqu'à ce qu'il soit reparti, *Dipis li té vini zousqu'à li fine allé.*

De façon que, de manière que, de sorte que, se rendent par *Éne magnére qui*. — Ex. : Je ferai de sorte qu'il ne se doute de rien, *Mo a fére éne magnére qui li napas va doute narien.*

Parce que, vu que, attendu que, se traduisent par *àcause*. — Ex. : Venez à neuf heures parce que je dois partir à dix, *Vine néve héres àcause mo pour allé diz héres.*

De peur que, de crainte que, ont pour équivalent *pendgare*, prendre garde. — Ex. : Je me suis caché sous le lit de peur qu'on ne me vit, *Mo té caciéte enbas lilit pendgare doumounde tourouve moi.*

INTERJECTIONS ET EXCLAMATIONS.

Nous aurons la prudence d'être incomplet : nous ne voulons qu'indiquer les plus fréquentes.

Houn! suivant le ton, indique l'affirmation, l'effort.

Houwhoun! marque le refus, la contrariété. — Ex. : Monsieur Édouard, il est temps d'aller se

coucher, votre femme vous attend. — Laissez!
dites-lui demain; j'ai sommeil, *Ppâ Édouard, létemps pour alle dourmi, wou Madame aspére wou.*
— *Houwhoun, dire li dimain; sôméye aou moi.*

Couh! exprime l'étonnement, l'admiration.

Ah iah! l'ironie, le doute.

Ah ouah! le défi.

Gnioco! l'incrédulité, le refus.

Ayoh! Ahyoh manman! la douleur.

Papa! Manman! Mayôc! magnoc, *manami!* mon ami, marquent l'admiration.

Vouti! menace, c'est le français « veux-tu! »

Ksskss! sert à exciter.

Quant aux exclamations innombrables du parler créole, en voici quelques-unes; on en trouvera d'autres aux Locutions.

Son! Touché!

Bavé! Bavebavé! Bave! regarde et sois jaloux. *Assez fére moi bavé,* Assez me mettre l'eau à la bouche!

Laclé! C'est un chef-d'œuvre!

Casse lacase! C'est admirable, c'est exquis! — La dame de la maison où vous dinez vous sert du cari et vous demande si vous le trouvez bon; vous répondez poliment : *Casse lacase!* ce qui veut dire : « Vous savez, Madame, si on le fait bien chez moi ; eh bien ! celui-ci l'emporte encore ! » — Nous avons vu ce sens du verbe *cassé*.

Ho! monoir! Hé mon ami ! Cette interpellation n'est permise qu'entre intimes.

File to croque! Compte là-dessus ; affûte ton croc, tes dents !

Mineguéle! Mineguéle lafarine zacquo!! Tu es déconcerté, tu as reçu un camouflet. *Mineguéle* est le substantif affront, désappointement.

Bondié soulaze! Dieu vous aide, vous soulage !

Wou a manque li! N'y comptez pas, vous le manquerez !

Li a vié va! Il se passera du temps auparavant, il sera vieux.

To séga! Tu trembles ! tu danses le séga !

Aspére lhére ptit Zan vine au Pouce! Attends-moi sous l'orme, attends que petit Jean vienne au Pouce.

Couit, vidé! Sitôt pris, sitôt pendu ! le riz à peine est cuit que la marmite est vidée.

Pipe cassé, tabac fané! La pipe est cassée, le tabac répandu. Se dit à celui qui vient de recevoir un affront.

Lhére poules va pousse lédents! Quand les poules auront des dents, pousseront des dents au lieu de feront des dents.

Pont grandriviére fine cassé! Le pont de la grande rivière est cassé. Se dit à un homme qui a oublié de boutonner son vêtement.

Envoyé, Moka! Envoie, Moka! C'est de Moka que nous arrivent au Port-Louis les grosses pluies d'orage; c'est donc l'éjaculation pour demander de la pluie.

Zhirondéle Bambous, prend laplie, améne soléye! Hirondelle des Bambous, prends la pluie, ramène le soleil! Le quartier des Bambous est un des plus secs de l'île.

Laplie tombé, zharicots poussé! La pluie tombe, les haricots poussent. Se dit pour saluer la pluie.

Lacase comére li haut! La maison de ma commère est élevée. Se dit à celui qui vient de se brûler la bouche et lève la tête en aspirant fortement l'air frais : la case est haute, qu'il n'ait pas peur de se heurter au faitage.

Çatte çarié pitits! La chatte transporte ses petits. Se dit ironiquement à un adversaire maladroit qui fait lui-même votre jeu.

DES FIGURES.

REDOUBLEMENT.

Entre tous les procédés qu'emploie le créole pour arriver à cette intensité d'expression qu'il recherche, il en est un, le redoublement, sur lequel nous devons insister. Un court parallèle entre l'emploi qu'en fait le créole et ses usages dans la langue de Madagascar, démontrera l'importance de l'élément malgache dans la population primitive de notre ile. En effet, des différentes races noires qui, transportées sur notre sol, ont dû toutes accepter notre vocabulaire, la race malgache, de beaucoup la plus nombreuse, devait de toute nécessité apporter quelques matériaux à la langue nouvelle que maîtres et esclaves construisaient en commun pour les besoins de leur commerce journalier. De là, dans le patois créole, des mots malgaches, quoiqu'en petit nombre, et quelques faits de syntaxe dont le plus intéressant est sans doute celui qui nous occupe. Nos lecteurs nous pardonneront de leur parler malgache un instant.

1° Un redoublement marquant répétition ou fréquence de l'action.

« Mivadibadika », se retourner en tous sens : le créole dit *vireviré*.

« Mamitsopitsoka », fouetter à coups redoublés : le créole dit *battebatté*.

« Mandehandeha », aller çà et là : le créole dit *rôderôdé*.

2° Du redoublement marquant augmentation ou diminution.

« Adala », fou ; « adaladala », à demi fou. Le créole dit *fouca*, fou ; *foucafouca*, un peu fou.

« Fotsifotsy », tirant sur le blanc, blanchâtre. Le créole dit de même *blancblanc, rouzerouze*.

Nota. — En malgache, la prononciation plus ou moins forte et les gestes qui l'accompagnent indiquent si le redoublement signifie augmentation ou diminution de force* ; de même en créole. *Li bétebéte* voudra dire, suivant le ton, il est un peu bête ou il est idiot.

3° Redoublement marquant le comparatif de supériorité.

« Boriso ny aboabo », rognez les plus longs ; le créole dit : *Coupe morceau ça qui longuelongue*.

4° Un nom de nombre redoublé signifie un partage en ce nombre.

---

* *Grammaire malgache* rédigée par les missionnaires catholiques de Madagascar.

« Irairay », un à la fois, un à un; « folofolo », dix par dix. Le créole dit de même *Énéne, disse-disse. Mo done éne balle douriz sissesisse doumounde,* Je donne une balle de riz par six hommes.

Ces exemples, que nous pourrions multiplier, suffisent à notre thèse.

Nous ne parlerons que pour mémoire du redoublement qui crée la presque totalité des mots composant le vocabulaire de la première enfance: *baba, bobo, dodo, nannan, nénéne, tonton;* ce procédé de formation est tout français, mais nous constaterons que le malgache le connait: « tsi-olonólona », « tsi-zazazaza », une poupée; « tsi-tranotráno », une maisonnette d'enfant; « ki-sambosambo », un bateau d'enfant, etc.

Presque tous les noms de baptême forment aussi un diminutif par redoublement: *Mimi, Nini, Zaza, Paupaul, Lili,* etc.; mais c'est encore là du français.

PLÉONASME.

Le pléonasme est nécessairement familier au créole, qui se préoccupe peu, et l'on s'en doute, de distinguer le pléonasme permis de la battologie. Nous avons vu: *Mouce to nénez,* mouche-toi; *Pégne to latéte,* peigne-toi; *Pose to lécorps,* repose-toi; de même on dira : *Mo léreins fére mal à force béssebésse enbas,* Les reins me font mal à force de me baisser. *Léve li làhaut,* Lève-le. *Mo guétéguété, guétéguété, mo allé,* Je regarde, regarde, et m'en vais, etc.

• CATACHRÈSE.

La catachrèse dit hardiment : *Li éna éne çouval ziment,* Il a une jument. *Lafenéte là bon métte éne barrefére dibois,* Il serait bon de mettre une barre, de fer, en bois à cette fenêtre. *Larzent lor trop ptit morceau dans lamain, larzent papier coment plime dans poce,* La monnaie d'or tient trop peu de place dans la main, les billets ne pèsent pas plus qu'une plume dans la poche. *So tripes cocombe,* Les tripes du concombre, etc.

Le mot *bazar* traduit le français marché, halle; une chanson dit : *Samy, allé bazar aceté mangue vert napas lôyau,* Samy, allez au bazar acheter des mangues vertes sans noyau. *Bazar* a en plus le sens particulier de légumes, fruits. — Ex..: *Li té envôye moi éne pagné bazar,* Il m'a envoyé un panier de légumes. *Li plante bazar,* Il plante des légumes, etc.

Marron, noir esclave en fuite. Le mot est devenu qualificatif de toutes les espèces d'animaux et de plantes qui se sont soustraites à la domestication, ou qui sont restées sauvages, alors que leurs congénères se sont apprivoisées. — Ex. : *Coçon marron, cabri marron, çatte marron, café marron, tabac marron**, etc.

ONOMATOPÉE.

La plupart des mots créés par le créole l'ont été par voie d'harmonie imitative : un peuple d'enfants devait recourir tout naturellement à cette méthode instinctive et ne pas chercher mieux que la reproduction pure et simple du son perçu par l'oreille. Mieux qu'une théorie, les exemples suivants témoigneront du goût inné de nos noirs pour cette représentation, à l'aide de la parole humaine, des bruits et des voix inarticulées.

« *Éne nénéne alle dans bassecour sembe éne pitit*
« Une bonne d'enfant va dans une basse-cour *dans so lébras. Li sacouye paquét laclés. Avlà coq* avec un petit enfant dans ses bras. Elle secoue un *crié : coupe so licou, coupe so licou ; canard dimandé :* paquet de clefs. Voilà le coq qui crie : coupe son

---

* Entre la plante sauvage et la plante domestique il n'y a le plus souvent aucune parenté : le créole ne sait pas la botanique.

quand, quand, quand, quand? cabri dire: dimain,
cou, coupe son cou; le canard demande: quand,
dimain, dimain; béf dire: manman! manman! pi-
quand, quand, quand? le cabri dit: demain, de-
zon chanté: mo croire toudebon même, mo croire
main, demain; le bœuf dit: manman! manman!
toudebon même; canard manille dire: ahwouah!
le pigeon chante: je crois que c'est pour tout de
ahwouah! coçon grogné: houn! houn! houn! »
bon même, je crois que c'est pour tout de bon
même; le canard manille dit: je t'en moque, je
t'en moque! le cochon grogne: oui! oui! oui! »

Cela se raconte et se mime à nos tout petits enfants, et la bonne foi de l'auditeur fait l'imitation suffisante. Comment un baby ne se tiendrait-il pas pour satisfait quand, l'asseyant au bout de son genou, la nénène, qui le fait sauter de plus en plus haut, lui dit : *Zanimaux chaquéne so magnére galoupé; bourique, tiquiti, tiquiti, tiquiti; milet, tocoto, tocoto, tocoto; çouval, tacata, tacata, tacata* *. Cela rappelle, quoique d'un peu loin et à meilleur marché, le « quadrupedante putrem... » Le nombre y est, sinon l'art. Donc : *Lavoix pin-*

---

* Les animaux ont chacun leur manière de courir : l'âne... le mulet... le cheval.

tade cloquecloqué coment lassiette cassée, La voix de la pintade a des bruits d'assiette cassée ; le bengali, à cause de son gazouillement menu, est *zozo quinquin* ; une vieille voiture qui sonne la ferraille est *éne carcar,* du nom donné à la crécelle dont se servent les gardes pour appeler du secours.

Un méchant fusil dont le chien fait plus de bruit que de besogne est *éne cadenas* ; un bègue est *éne gaga.*

On pêche l'anguille à l'aide d'un court bâton armé d'un hameçon ; on introduit l'engin entre les roches de la rivière pour s'assurer de la présence du poisson ; le fer, en frôlant la pierre, fait un petit bruit sourd : cela s'appelle *lapéce touctouc ;* d'où : *Li té fére touctouc av moi,* Il a voulu me sonder.

On excite les chiens à l'aide d'une façon d'interjection particulière, *ksskss.* Donc : *Li méme qui fére ksskss dans ça zaffére là,* C'est lui qui dans cette affaire-là verse de l'huile sur le feu.

Fére guidiguidi ou *fére digdig,* c'est chatouiller : *Li éna éne coulou enbas digdig,* Il a un clou sous l'aisselle ; l'aisselle étant une des parties du corps les plus sensibles au chatouillement.

Quelquefois le son a la prétention non plus de

rappeler le son, mais de traduire, de peindre l'idée. *Li gnangnan,* il est indolent et mou. *Éne catacata,* une coquette. *Éne grand balalame,* un grand dégingandé, bras ballants. *Li quémequéme,* il est embarrassé. *Zautes fére sapsap*,* ils flirtent, ils échangent ces menues avances d'une affection naissante.

Manimani, c'est la vibration de la lumière, le miroitement d'une surface réfléchissante. L'eau sous le soleil, *Dileau dans soléye fére liziés manimani.* Le sable blanc de la plage, la poussière dans un rayon de lumière font *manimani.* Et par extension, *manimani* est devenu mirage, illusion : *Censé vous té voir; vous liziés qui té manimani,* Vous avez vu soi-disant; mais ce sont vos yeux qui étaient « manimani** ».

Mon coco, mon ou ma chérie. Une chanson dit : *To liziés zoli, coco, to fére lembarras,* Tes yeux sont jolis, ma chérie, tu fais tes embarras.

Mounanmounan, c'est le diable.

Granfougné, c'est égratigner, etc., etc.

---

* Peut-être du malgache « safsaf », caresser.
** « Manimani », verroterie de Venise, bleu clair opaque, qui se délivre par biasse pour faire des colliers, objet d'échange avec les Papous. Il y a là au moins une analogie curieuse.

AUTRES FIGURES.

On reconnaitra facilement les autres tropes, hypallage, métaphore, métonymie, etc., dans les modifications que le créole a fait subir au sens des mots français suivants :

Amarré, battre ; c'est l'antécédent pour le conséquent. Mais :

Gratté, démanger, c'est le conséquent pour l'antécédent. De même :

Lévé, c'est réveiller. *Dourmi*, c'est coucher. Ainsi : *Mo té lévé més mo té encore dourmi*, J'étais réveillé, mais j'étais encore couché.

Éne bouquét, une fleur. Donc, *éne paquét bouquét*, un bouquet ; *éne pied bouquét*, un plant de fleur. De même :

Éne colier, une perle. C'est le tout pour la partie. Mais :

Moulin, Sucrerie. C'est la partie pour le tout. De même :

Pilon, mortier. Donc, pour le pilon lui-même, c'est *bâton pilon*. De même encore :

Lapompe, fontaine.

Linze, vêtements. *Mo linze drap*, Mes habits de drap.

En voici d'autres :

Guété, regarder dans tous les sens du mot.

Trouvé, voir. *Mo té trouve li dans mo liziés,* Je l'ai vu de mes yeux. *Mo napas trouve cléré,* Je ne vois pas clair.

Rôdé, chercher.

Fané, répandre, éparpiller. Il nous vient du temps où la canne n'avait pas chassé de notre sol toutes les cultures européennes. *Mo disang fané,* Mon sang circule.

Aspéré, attendre.

Soulazé, assister. Dieu vous assiste ! *Bondié soulaze !*

Maziné, penser, réfléchir, méditer. *Ça qui dourmi napas mazine manzé,* Celui qui dort ne songe pas à manger.

Engazé, inviter.

Envôyé, jeter. *Napas envôye couderoces,* Ne jetez pas de pierres.

Çapé, sauver aussi bien qu'échapper. *Bon bagoût çape lavie,* Une parole adroite sauve son homme.

Prété, emprunter aussi bien que prêter. *Prête li ça qui vous bisoin,* Empruntez-lui ce qu'il vous faut.

Plime, poil ou plume. *So plime mo bourique té*

pour prend difé av ça soléye là, Le poil de mon âne allait prendre feu sous ce soleil-là.

Çanzé, habiller, vêtir. *Pitit là tout ni, alle çanze li,* Cet enfant est tout nu, allez l'habiller. D'où le substantif *éne réçanze,* un habillement complet.

Éne bombarde, une ruche.

Quartier, casernes. *Laporte quartier,* la porte des casernes, et par métaphore, une grande bouche sans dents.

Li pique coricolo, il rougit. Le français très-familier dit « piquer un coup de soleil »; le créole a choisi pour son image la crête du coq.

Mo naplis éna çapeau dans mo lacase, je n'ai plus de chapeau dans ma case. Je suis veuve, je n'ai plus de protecteur. La femme en ce temps-là ne portait que le paliaca, le chapeau était l'apanage de l'homme, le chapeau noir à haute forme; on sait le rôle capital qu'il joue dans le faste des petits rois nègres du Gabon.

To fine marce dans difé, to fine bourlé, tu as marché dans le feu, tu t'es brûlé; ce qui veut dire: Tu t'es sali le pied dans des ordures. Un euphémisme analogue fait dire :

Pend gare, couteau divant toi, prends garde, un couteau est devant toi; ce couteau est une ordure.

Les vieux noirs distinguaient sévèrement *éne*

malade de *éne mal ;* la première, la maladie avouable, l'autre, qui doit rester secrète. Ils avaient de même proscrit, comme malsonnant, le mot graine, au point de dire *lamigrain* pour la migraine. Ces délicatesses s'effacent.

Cassé, outre le sens du français, a dix acceptions :

Li casse enfin, il est vêtu de beaux habits neufs ;

Nous té parié lacourse, mo té casse li, nous avons parié à qui courrait mieux, je l'ai battu ;

Zautes casse larac, ils boivent de l'arac à plein verre ;

Li casse bancal, il boite, etc. Nous le rencontrerons dans nombre de locutions.

En résumé, partout où il le peut, le créole met une image, et, s'il a le choix, il la préfère violente et crue. Le répertoire des jurons nous fournirait tout un arsenal de preuves auxquelles nous renonçons volontiers.

PROCÉDÉS QU'EMPLOIE LE CRÉOLE POUR CRÉER DES MOTS.

En outre de l'harmonie imitative que nous avons vue à l'œuvre, l'analogie a aussi guidé le créole dans la création, parfois heureuse, de mots étrangers au français, mais le rappelant dans leur terminaison ou leur composition.

Mo déhaïe li morceau, je commence à le haïr moins.

Li napas vlé décessé, il ne veut pas cesser.

Mo napas capave délargue li, je ne puis le dénouer.

Mo dibouté, je suis debout.

Ça senti pi, cela pue.

Éne gauçard, un gaucher.

Éne coutiriéze, une couturière.

Mo dans ladoutance, je suis dans le doute.

Aspére lafinition zhistoire, attendez la fin de l'histoire.

Assez causé, lacrace méme naplis, assez causé, tu n'as même plus de salive.

Éne cotomaïe. C'est le réceptacle des grains du maïs, à cause de la sensation qu'en donne le toucher (un coton de maïs).

Éne babamaïe. C'est l'épi encore dans sa gaine, comme un nouveau-né enveloppé de ses langes.

Conseyére napas peyére, le conseiller n'est pas le payeur.

Éne fautére, un coupable, celui qui a commis la faute.

Éne embarratére, un faiseur d'embarras.

Éne tardatére, celui qui tarde (retardataire).

Éne bouétére, un poisson qui joue avec l'appât (*labouéte*) sans avaler l'hameçon.

Brouillaze, brouillamini.

Rondaze, enclos circulaire en palissades.

Pariaze, pari, gageure.

Tricmardaze, agissements malhonnêtes; *Éna tricmardaze dans ça zaffére là,* il y a du louche dans cette affaire.

Éne bitaquois, un campagnard grossier (de *bitation,* habitation au sens de campagne).

Éne taquére, un homme qui attaque sur le grand chemin.

Zautes té affrone moi, ils m'ont fait un affront.

Çarite moi éne cace, faites-moi la charité d'un cache. Nous en rencontrerons bien d'autres aux Locutions.

Quelquefois, plusieurs mots français ont concouru à la formation du mot créole.

Éne bondiébénisse, un éternuement (Dieu vous bénisse).

Moicassetoi est un des synonymes d'arac (je te casse).

Çava traduit rigoureusement le mot santé (comment ça va-t-il?).

Prend nouvelles so çava, prenez des nouvelles de

sa santé. D'un moribond on dira : *Naplis éna çava av li*, ce qui est plus facile à comprendre qu'à traduire.

Enfin, certains mots ont une origine historique.

Éne condé, un mouchoir attaché autour de la tête. Le mot nous vient de l'Inde française et la tradition (à Maurice s'entend) attribue cette coiffure de nuit au vainqueur de Rocroi. Ce serait un pendant illustre à la casquette du père Bugeaud.

Éne ketly, une ketly, c'est une coiffure faite de deux longues tresses flottantes (quelque Suissesse).

Éne quaisain, encore une coiffure, à bandeaux bouffants celle-ci (du nom d'une cantatrice qui fut célèbre à Maurice il y a environ quarante ans).

Éne marengo, un très-gros navire (de l'impression produite sur nos pères par la victoire de Bonaparte).

Éne madameséré, un poisson rouge, cyprin de Chine (du nom de M. Céré qui l'introduisit à Maurice).

Bévilacoua, nom d'une plante aquatique à laquelle le docteur Boileau imposa la traduction italienne de son nom, etc.

L'allitération et l'onomatopée ont dû contribuer à la formation de mots comme :

Soursouris, chauve-souris ; *Li néque fraillefaillé*

(de fourailler), il cherche partout ; *Ène louloup,* un loup ; *Ène zozo,* un oiseau ; *Ène catecate* (mets fait de racines de magnoc coupées, en quatre?); *Ène roubarouba* (maïs moulu, brèdes et viande salée), etc., etc.

Tous les jours, nous l'avons dit, le créole fait au français des emprunts nouveaux; mais souvent, et surtout s'il s'agit d'idées abstraites qu'il ne comprend que vaguement, il donne au mot français une acception si imprévue qu'on serait tenté de se croire en présence d'une création nouvelle. — Ex. : *Acouté-li fére loratére av Zaza,* Écoutez-le faire l'orateur avec Élisa ; *id* est « pousser sa pointe ». Cette vieille est boiteuse parce qu'elle a eu *lafiéve barbouillé,* le barbier.

Mais ce sont là, pour la plupart, des inventions toutes personnelles, dont nous ne pouvons tenir compte. Rien, du reste, de plus étrange que d'entendre (dans un de leurs bals, par exemple) les *zênes zens* et les *zênes filles* s'essayer au français, la seule langue de la bonne compagnie au camp Yolof comme à Saint-Pétersbourg. « Dans la valse, ça viré là même qui est agriabe, més domaze la çalére est siffocant. » Et cette autre d'un infortuné accusé d'avoir volé des poules et risquant cette défense : « Mais, Msié le Zize, qu'est-ce que voulez que ze fais; mes parents vient me voir, i faut bien que ze les donne à manzer *! »

PHONÉTIQUE.

La prononciation dépendant de la structure de l'appareil vocal, et cette structure variant avec les races, il nous faudrait, pour être complet, montrer ce que devient chacun des sons du français, suivant que cherche à le traduire un Malgache, un Mozambique, un Cafre, un Indien de Calcutta, de Madras et de Bombay, un Chinois, voire un Anglais, un Allemand, etc. On nous saura gré de ne pas songer à le faire. Nous nous limiterons à la prononciation moyenne, telle que l'ont faite, avec le temps, nos anciens noirs affranchis, au fur et à mesure que disparaissaient entre eux les différences

---

* *Note sur les figures.*

Nous n'avons rien dit de l'ellipse. Bornons-nous à noter que :

1º Dans la conjugaison elle supprime souvent les formes auxiliaires, ainsi : *Dire li mo a bien content,* est le futur, Dites-lui que je serai bien content, ou le conditionnel que je serais bien content, par ellipse de *té ;*

2º Le verbe *éna,* avoir, est très-souvent sous-entendu, surtout dans les propositions négatives : *Lalangue napas lézos,* La langue n'a pas d'os ; *Mo napas lamonée,* Je n'ai pas d'argent.

originelles les plus saillantes. Eux seuls, du reste, sont fondés à revendiquer le créole comme leur patrimoine, puisque seuls ils n'ont jamais eu d'autre langue à leur service.

Voici, cependant, pour les curieux, quelques indications sommaires sur la façon de prononcer particulière aux différentes races noires dont se compose la population créole. C'est d'abord un vieux Mozambique, nommé Schongor, qui va nous dire un des épisodes de sa jeunesse; nous nous efforcerons de conserver à son récit sa prononciation et sa physionomie :

« *Mo té nouar mchié Gambriéché; mo té gardjé*

« J'étais noir de Monsieur Gambriesse; je gar-*mayoco. Tout lé djiou mo paché divant poulaïé pou* dais le manioc. Tous les jours je passais devant le *allé dans mo louvradjé; tout lé djiou mô djouinde* poulailler pour aller à mon ouvrage; tous les jours *éne papa dinde. Couh!* »
je rencontrais un dindon énorme. Couh! »

Il reste dix secondes sur cette exclamation, que nous traduirions par « bonne affaire! », puis il secoue la tête et reprend :

« *Hou côné, Mchié, qui li dire moa cha dindé*

« Savez-vous, Monsieur, ce qu'il me disait ce là? Schongôr, *mandjé môa, mandjé môa, mandjé*

dinde-là? Schongor, mange-moi, mange-moi,
mange-moi!

« *Hou côné, Mchié: dipis mo djenfant mo toudjiou gagné bon léquiére: mo napas content doumoundou dimandjé chouvent quiquichojo. Pou fai li plaidji mo coupe cho licou, mo metté li dans mamitté, mo mandjé li.*

« Vous savez, Monsieur : depuis que j'étais enfant j'ai toujours eu bon cœur : je n'aime pas à entendre du monde demander souvent quelque chose. Pour lui faire plaisir je coupe son cou, je le mets dans la marmite, je le mange.

« *Lendimé, Mchié Gambriéche, mo schéfe, li attrapo moa, li dimando moa coment mo fini volor cho dindo. Mo di li : Mchié, mo napas fini volô, mo fini fai li plaidji; li mémé dimandjé moa como cha : Schongôr, mandjé moa, mandjé moa, mandjé moa.*

« Le lendemain, Monsieur Gambrièce, mon chef, il m'attrape, il me demande comment j'ai volé son dinde. Je lui dis : Monsieur, je n'ai pas volé, je lui ai fait plaisir; lui-même me demandait comme ça : Schongor, mange-moi, mange-moi, mange-moi.

« *Mchié Gambriéche so léquiére dû, napas côment*
« Monsieur Gambrièce son cœur était dur, pas
môa! Li apélé doumounde: Tchionbô môa cha noiré
comme moi! Il appelle du monde : Attrapez-moi
là, mété li làhaut léchiélé, flanqué li schinquante
ce noir-là, mettez-le sur l'échelle, flanquez-lui cin-
coups dou fouéte.
quante coups de fouet.

Il secoue de nouveau la tête pendant une bonne
minute. Puis, tandis que sa main gauche reste at-
tachée à l'échelon au-dessus de sa tête, son bras
droit frappe à grands coups et ses doigts font son-
ner le fouet; il secoue la tête, il gémit sourde-
ment. Enfin, il arrive au terme du supplice et reprend, les yeux pleins de larmes :

« *Cha napas doumounde cha djenche lautrofois*
« Ce n'était pas du monde ces gens d'autrefois
là! Grand merchi lareiné, grand merchi li mémé
là! Grand merci la reine, grand merci, elle-même
Bondjié! Dichang chourti dans mo lédos. —
est le bon Dieu! Le sang sortait de mon dos. —
« *Tchiombo piment enchambre dichél, mété dans*
« Prenez du piment avec (ensemble) du sel, met-
« *bléchi là* » , *Mchié Gambriéche caudjé. Lhéré*
« tez-les dans ces blessures-là », dit (cause) Mon-

là, Mchié, di! di! di! di!... di! di! di! di!... sieur Gambrièce. A cette heure-là, Monsieur, di! di!... »

di! di! di!... di! di! di! di!... di!... » »

Et il se baisse, se redresse, se tord, trépigne et pleure, pour faire comprendre l'horrible cuisson qu'il endurait.

Cela est prononcé de la gorge et des dents, à mâchoires serrées; les *r* sont grasseyés et à peine sensibles; l'*e* muet, affecté par la voyelle voisine, oscille entre *â* et *o;* le débit est lourd et traînant.

Chez le Malgache, au contraire, l'*r* vibre et roule; le son est plus ouvert et la parole, qui va par saccades, coupe la phrase par menus tronçons et supprime nombre de lettres.

Les Indiens de toute provenance ont bientôt fait d'apprendre le créole, qu'ils prononcent au bout de quelque temps sans en altérer la physionomie d'une façon particulièrement originale.

Seul, le Chinois échoue toute sa vie devant certaines articulations qu'il est impuissant à obtenir de ses organes rebelles; l'*r* surtout lui est interdit. Tout le monde connaît à Maurice le dialogue de la femme anglaise et du boutiquier chinois : « I want some cheese, get you? — *Tchi! Tchiou! qui çaça tchi, tchiou?* » La femme, qui a découvert le fromage, le lui montre du doigt; et le Chinois, plaisantant l'étrangère sur son ignorance de la langue: « *Tchi, Tchiou, ou napas capa causé: poloma!* » De notre vocatif « camarade » ils ont fait *camala*, et c'est le nom dont les ont baptisés nos petits créoles créolisants. A Maurice, comme partout où ils émigrent, ils ont, par don spécial, conquis le monopole du commerce de détail, et « chinois » devient insensiblement synonyme d'épicier : *Li tine éne laboutique cinois,* Il tient une boutique d'épicier.

Revenons au parler moyen dans l'intérieur duquel nous signalerons les différences les plus saillantes d'une prononciation qui, n'étant pas fixée par l'écriture, varie sensiblement d'homme à homme.

VOYELLES.

Ce sont nos voyelles françaises; mais

E muet, au son de *le, de,* devient *i* et quelquefois *ou.* — Ex. : demain, *dimain;* chemin, *cimin;* cheval, *çouval;* genou, *zounou.*

E ouvert, *ai, ei* ouverts deviennent *é,* ou plutôt un son intermédiaire entre *è* et *é*, mais plus voisin de ce dernier, ce qui nous l'a fait adopter pour notre orthographe. — Ex. : tête, *téte*. Faire, *fére*. Peigne, *pégne** ou mieux *peingne*.

U manque et devient *i*, plus rarement *ou*. — Ex. : du sel, *disél*. Une plume, *éne plime*. Du riz, *douriz*. Jurer, *zouré*.

Y nous l'avons conservé pour figurer surtout *l* mouillé. — Ex. : soleil, *soléye*.

DIPHTHONGUES.

Ai, ei ouverts deviennent *é*. — Ex. : une plaine, *éne lapléne*; j'ai de la peine, *mo éna lapéne*. Devant *gn*, un autre *n*. — Ex. : baigner, *baingné*; plaindre, *plaingné*.

Eu devient *é*. — Ex. : heureux, *héré*; queue, *laquée*; j'ai peur, *mo pére*.

Oi garde le plus souvent le son *oua* du français. — Ex. : ce soir, *àsoir*; un noir, *éne noir*, boire, voir. Mais quelquefois, c'est le vieux son *oué*. — Ex. : une boîte, *éne bouéte*; de la toile, *latouéle*; une voile, *éne lavouéle*.

---

* Une oreille française s'est bientôt aperçue de notre prédilection pour l'*e* fermé. Nos Léonores de salon chantent volontiers « O mon Fernand, tous les biens de la tére »; nous disons un secré, un bouqué, voire un bouqué de rases.

Nota. — Un fouet, *éne fouéte;* un aloès, *éne laloua :* Faites-moi une mèche pour mon fouet avec de l'aloès, *Fére éne touce pour mo fouéte av laloua.*

Un devient *éne.* — Ex. : un œuf, *éne dizéf;* chacun, *çaquéne.*

Ui devient *i* ou bien *oui.* — Ex. : lui, *li ;* la pluie, *laplie ;* aujourd'hui, *azourdi* ou *zourdi.* L'huile, *dilhouile;* le suif, *disouif.* Rarement *ou :* cuisine, *cousine.*

Ou persiste. — Ex. : nous, vous ; un tourlourou, *éne trouloulou.* Cependant soucoupe est *sicoupe,* peut-être parce que quelques blancs disent « secoupe ».

CONSONNES.

Les mêmes qu'en français ; mais

J et *g* doux deviennent *z.* — Ex. : un juge, *éne zize;* Jules, *Ziles ;* argent, *larzent;* manger, *manzé.*

Ch devient *ç.* — Ex. : chambre, *laçambe;* chinois, *cinois.*

R se grasseye au point de s'éteindre parfois complétement. — Ex. : Je vais le chercher, *Mo alle çace li.*

V a le son du français. — Ex. : une vavangue, *éne vavangue.* Il prend quelquefois le son du *w* anglais fortement aspiré. — Ex. : Gustave, *Guistaw*. Quelquefois, surtout dans le pronom *vous* et la forme auxiliaire *va*, il disparaît complétement. — Ex. : « *Qui ou a fére ?* Que ferez-vous ? »

X au son de *ks* devient *s*. — Ex. : Je ne l'ai pas fait exprès, *Mo napas ti fére li par ésprés*. Au son de *gs*, c'est *z*. — Ex. : François Xavier, *François Zavier*.

MÉTAPLASMES.

Nous commençons par demander pardon au lecteur de tous ces termes qui sentent leur collége : leur brièveté nous les fait employer de préférence aux paraphrases qu'il nous faudrait pour chacun d'eux.

PROSTHÈSE.

Nous avons vu la prosthèse de l'article à nombre de substantifs; puis celle de l'adjectif « bon » aux noms Dieu, matin, année.

Deux lettres sont prosthétiques *z* et *n*.

La prosthèse du *z* a lieu, en général, dans les noms qui, commençant par une voyelle, ne se sont point préfixés l'article: histoire, enfant, image sont *zhistoire, zenfant, zimaze.*

L'article et le *z* prosthétique disparaissent et reparaissent devant certains noms, en vertu d'une loi d'euphonie assez mystérieuse. Le nom « pied », partie du corps, est toujours *lipied;* mais « un arbre » est tantôt *éne pied zarbe*, tantôt *éne lipied zarbe*. Un tamarinier, *Éne pied tambarin, éne lipied tambarin*. Anguille, houritte sont *éne zangui, éne zourite;* mais la pêche à l'anguille, la pêche à l'houritte sont *lapéce angui, lapéce ourite*, etc.

N prosthétique dans *name*, âme. Habit est tantôt *nhabit*, tantôt *zhabit*.

ÉPENTHÈSE.

Tamarin, *tamBarin;* tuer, *touYé;* secouer, *sacouYé;* clou, *coUlou;* trou, *toUrou;* trouver, *toUrouvé*, etc.

Dans les sons difficiles, *br, bl; cr, cl; dr, dl,* etc., souvent la prononciation interpose, plus ou moins rapidement, suivant l'agilité des organes, la brève de la voyelle longue qui va suivre. Ainsi, au lieu de « crabe », on entend plus ou moins nettement *càrabe*. Plume, *pilime*. Étrangler, *tanguèlé*. Embrevades, *bravades,* puis, *bàravades,* etc.

Cette demi-voyelle est très-sensible dans le parler des Indiens de Calcutta : « *Bringèle, binrinzéle.* »

ÉPITHÈSE.

En voici quelques exemples : Un nid de mouches, *Éne nique mouces;* rester coi, déconcerté, *réste couac;* jouer aux dés, *zoué dades;* mais un dé à coudre, *éne lédé.*

APHÉRÈSE.

La suppression de la première syllabe dans les polysyllabes est très-fréquente, surtout quand le son initial est *é*.

Aiguille, *gouïe*, plutôt que *zégouïe*. Habitation, *bitation*, plutôt que *lhabitation* et *zhabitation*. Imaginer, *maziné*. Écumer, *quimé*, d'où : écume, *laquime*. Embrevades, *bravades, bravates, barvades, barvates*, et même *baravates*. Lièvre, *iéve*. Attaquer, *taqué*. Attacher, *tacé*. Oublier, *blié*. Essayer, *sayé*. Essuyer, *souyé*. Devenir, *vini*. Étourdir, *tourdi*. Étonner, *tôné*. Écraser, *crasé*. Éteindre, *tégné*. Enfoncer, défoncer, *foncé*. Éreinter, *reinté*. Déborder, *bordé*. Entendre, *tendé*. Éviter, *vité*. Préparer, *paré*. Écarquiller, *carquyé*. Éplucher, *plicé.* Étaler, *talé.* Effronté, *fronté.* Écorcher, *corcé.* Étranger, *tranzé.* Éclater, *claté.* Reposer, *posé.* Écouter, *couté.* Affûter, *fité.* Éclabousser, *claboussé.* Éborgner, *borgné.* Étrangler, *tranglé, tanguélé.* Retarder, *tardé.*

SYNCOPE.

Araignée, *zargnée, zergnée.* Galoper, *galpé.* Éléphant, *zalphant,* c'est la prononciation des Mozambiques et des Cafres; d'autres disent *zéléphant.* Déjeuner, *dizné.* Fruit de Cythère, *flistére,* plutôt que *flicitére.* Malabar, *malbar.* Pignon d'Inde, *piondinde.* Champignon, *çampion.* Goëmon, *gomon.*

APOCOPE.

Bre, ble donnent *be.* — Ex. : A l'ombre, *enbas lombe.* Ensemble, *ensembe.*

Cre, cle donnent *que.* — Ex. : Encre, *lenque.* Oncle, *lonque,* dans le style soutenu au lieu du familier *tonton.*

Dre, tre donnent *de, te.* — Ex. : Tendre, *tende.* Quatre, *quate.*

Gre, gle donnent *gue.* — Ex. : Tigre, *tigue.* Ongle, *zongue.*

Pre, ple donnent *pe.* — Ex. : Propre, *prope.* Simple, *simpe.*

Fre, vre donnent *fe, ve*. — Ex. : Coffre, *coffe*. Fièvre, *fiéve*.

Fle donne *fe*. — Ex. : Giffle, *ziffe*. Pantoufle, *pantoufe*.

Nota. — Dans les verbes, *l* et *r* persistent devant *é* fermé : Je souffle, *mo souflé;* je montre, *mo montré;* ils disparaissent devant *e* muet : Je souffle le feu, *mo souffe difé;* montre-lui la route, *monte li cimin.*

Uste, iste donnent *isse*. — Ex. : Auguste, *Auguisse*. Palmiste, *palmisse*.

Asme donnerait *asse;* cependant « cataplasme » fait indifféremment *cataplan* ou *cataplasse* : Son asthme l'a repris, je lui ai mis des cataplasmes sur l'estomac, *So lasse fine lévé, mo fine pose li cataplans làhaut so lostoma.*

Une apocope bizarre a fait de « maître d'armes » le mot *médar*, devenu synonyme de maître-passé : C'est un habile homme, *Éne médar même ça!* Quelques-uns prononcent *médame*.

MÉTATHÈSE.

Brûler, *bourlé*. Brèdes d'Angole, *brédes gandole*. Reculer, *arquilé*. Grenouille, *gournouïe*. Tourlourou, *trouloulou*. Fermer, *frémé*. Esprit, *siprit*. Excuser, *siquisé*. Renifler, *arniflé*.

Voici, pour compléter cette revue sommaire, une courte liste de mots où la substitution, la transposition, l'addition ou la soustraction des lettres font parfois le créole bien différent du français.

Cimiquiére, cimetière ; le son français *tié* est remplacé par le normand *quié : lamiquié,* l'amitié ; *tabaquiére,* tabatière, etc. ; les vieux noirs ne prononcent pas autrement. *Carquilé,* calculer. *Lôyau,* noyau. *Banoir,* bois noir. *Tiommbô,* tiens bon. *Colombe,* économe. *Lamoquié,* la moitié.

Dans ces premiers, le français se reconnaîtrait encore à la rigueur, mais en voici d'autres :

Tralé, traîner. *Sipité,* disputer. *Éne misquié,* un demi-setier. *Belmentére,* parlementaire. *Sicour,* secours et obscur : *Té comence sicour sicour,* Il commençait à faire obscur. *Zambourzoi,* jamrosa. *Laliane batatran,* liane de la patate à Durand. *Soussequéle,* aisselle. *Zambèque,* croc-en-jambe. *Soursouris,* chauve-souris.

ALLITÉRATION.

Nous devons constater combien l'allitération a de charme pour l'oreille noire. Elle seule peut expliquer, sinon justifier, des dictons comme ceux-ci : *Ça qui boudé manze boudin,* Celui qui boude mange du boudin. *Ça qui en colére colle en lére,* Celui qui est en colère colle en l'air. *Msié Martin amarre dithym*, Monsieur Martin amarre du thym. C'est elle qui a fait les mots : *Soursouris,* chauve-souris. *Trouloulou,* tourlourou. *Bilbloqué,* bilboquet. C'est elle qui fait l'attraction de la voyelle tonique sur l'atone qui précède, dans les mots : *Gournouïe,* grenouille. *Siquise,* excuse. *Frémé,* fermer. *Siprit,* esprit. *Dohors,* dehors, etc. C'est elle enfin qui préside au choix de la demi-voyelle auxiliaire dans les prononciations laborieuses « gratte, crié, trépied, troupeau », dont la plupart des anciens font, comme nous l'avons vu, *garatte, quirié, térépied, touroupeau.* Mais le plus curieux exemple d'allitération est peut-être le nom de plante « bévilaqua », devenu pour les vieux noirs *bébibacoua.*

En résumé, les articulations dures disparaissent, les sons ouverts se ferment, *é* fermé, *i, ou* sont les voyelles favorites : la prononciation française est comme émaciée et assourdie.

Le dissyllabe semble le type du mot, substantif ou verbe :

Le monosyllabe y arrive par dilation ou addition : Trou, *tourou.* Nez, *nénez.* Lit, *lilit.* Clou, *coulou*. Loup, *louloup*. Bête, *bébéte*, bestiole, insecte. Dieu, *bondié*. Soir, *àsoir*. Eau, *dileau*. Rat, *lérat*. Sable, *lasabe*. Pied, *lipied*. Riz, *douriz*, etc., etc.

Le polysyllabe, par soustraction ou contraction : Attaquer, *taqué*. Embrevades, *barvates*. Oublié, *blié*. Fruit de Cythère, *flistére*. Araignée, *zergnée*. Attacher, *tacer*. Devenir, *vini*. Maître d'armes, *médar*. Croc-en-jambe, *zambéc*. Affûter, *fité*, etc., etc.

Ainsi, certains verbes en *é*, soumis à l'apocope ou à la syncope, reprennent la syllabe supprimée quand l'*e* muet final, en se substituant devant le complément à l'*é* fermé, en ferait des monosyllabes : *Quand mo causé to doite couté,* Quand je parle, tu dois écouter ; mais, *Acoute-moi,* Écoute-moi. *Si to cone galpé, galoupe lacase Madame,* Si tu sais courir, cours chez Madame, etc.

―――

DE NOTRE ORTHOGRAPHE.

Avant de soumettre aux lecteurs nos textes créoles, nous croyons utile de leur rappeler sur quels errements nous avons fondé notre orthographe.

Pour dérouter le moins possible l'œil habitué à la physionomie du mot français, nous la lui avons conservée partout où nous l'avons pu. Nous avons, cependant, toujours réuni l'article au substantif, avec lequel il fait corps, ainsi que nous l'avons établi. Nous avons, de même, pour être conséquent avec notre analyse, donné aux verbes en *er* la terminaison *é* du participe passé, duquel est provenu le verbe créole; et nous écrivons, d'après le même principe, *couderoce, coudepoing* pour coup de roche, coup de poing, la préposition *de* étant devenue partie intégrante du mot composé.

A l'aide de l'accent aigu, de l'accent circonflexe, du tréma et de l'*e* muet, nous avons figuré de notre mieux la prononciation créole, sans hésiter, dans certains cas, à nous affranchir complétement de l'orthographe française : c'est ainsi que nous écrivons *fére* pour faire, *lhére* pour l'heure, *léquére* pour le cœur, *laliquére* pour la liqueur, *tranzé* pour étranger, *zoréye* pour oreille, *Zôze* pour Georges, *maïe* pour maïs, *àçthére* pour à cette heure. Enfin, quoique le pluriel ne se manifeste jamais en créole dans la forme des mots, nous avons, pour guider l'œil du lecteur, conservé l's du français, mais au substantif seulement. Quand le mot a plusieurs sons, — ainsi le pronom vous qui est *vous, wous* ou bien *ous*, — nous choisissons celle de ses formes que la prononciation du groupe où il se trouve nous semble appeler de préférence; et parfois nous donnons à dessein, au même mot, des physionomies différentes, pour n'avoir pas l'air de prétendre à introduire l'unité et la régularité là où tout est capricieux, mobile et irrégulier. Ces fantaisies de la plume sont familières à tous ceux qui ont eu quelque commerce avec le français antérieur aux dernières années du XVIe siècle.

Z'HISTOIRE ÉNE ÇATTE QUI TÉ ÉNA BOTES.
HISTOIRE DU CHAT BOTTÉ.

Té iéna éne fois éne vié blanc qui té éna trois
Il y avait une fois un vieux blanc qui avait trois
pitits: li té éna éne moulin, éne bourique ensembe
enfants: il avait un moulin, un âne et un chat. Un
éne çatte. Éne zour ça vié bonhomme là li gagne
jour ce vieillard-là eut une grande maladie, pour
grand malade pour mórt méme. Li apéle so trois
mourir même. Il appelle ses trois enfants, il leur

pitits, li diré zautes: « *Mo pitits, avlà mo pour*
dit : « Mes enfants, voilà que je vais mourir ; ce
mort ; napas lapéne zautes apéle zense au pôrt * *pour*
n'est pas la peine que vous appeliez les gens du port
fére lapartaze; toi, àcause to plis vié, mo done toi
pour faire le partage ; toi, parce que tu es le plus
mo moulin; toi, mo done toi mo bourique, et toi qui
âgé, je te donne mon moulin ; toi, je te donne
plis pitit, mo done toi mo çatte. » *Avlà coment li*
mon âne, et toi qui es le plus jeune, je te donne
encore aprés causé, éne coup là so labouce séc. Li
mon chat. » Voilà comme il parlait encore, tout
môrt même.
d'un coup sa bouche se dessèche, il meurt même.

Lhére zautes tourne dans cimiquiére, pitit là
Quand ils reviennent du cimetière, le plus
qui té gagne çatte, li çagrin, li dire: Mo grand
jeune qui avait eu le chat, il est triste, il dit :
frère qui té gagne moulin li va moule diblé,
Mon frère aîné qui a eu le moulin, il moudra du
li va gagne larzent ; laute là va çarié lafa-
blé, il aura de l'argent ; l'autre transportera de la

---

* Le port, Port-Louis, c'est par excellence la ville, *urbs*, το αστυ ; *zense au pôrt*, les gens de la ville en suspicion auprès des « *zhabitants*.

rine av so bourique, li va gagne larzent; zautés farine avec son âne, il aura de l'argent; tous les *dé napas va môrt faim; més moi là qui té gagne* deux ne mourront pas de faim; mais moi-là qui *néque éne çatte qui mo a * fére? Mo va touye li,* n'ai eu qu'un chat, que vais-je faire? Je le tuerai, *mo va couit so lavianne**, mo va manze li; aprés* je cuirai sa chair, je la mangerai; après ça, que *ça, qui mo a fére, mo va blizé môrt faim!* ferai-je? je serai obligé de mourir de faim!

Côment li té encore plaigné là, çatte té dourmi Comme il était encore à se plaindre, le chat *enbas lilit. Avlà so dé grand fréres dire li :* était couché sous le lit. Voilà ses deux frères aînés *Aranze toi, môrt faim quand to content, qui* qui lui disent : Arrange-toi, meurs de faim si ça *nous embrasse***! Acthére là so grand frére dire* te plait, qu'est-ce ça nous fait! Alors son frère aîné *come ça : Mo alle méte diblé dans mo moulin.* dit comme ça : Je vais mettre du blé dans mon

---

* *a* pour *va*.

** *Lavianne* plutôt que *laviande*.

*** Mot à mot, en quoi nous embarrassons-nous. *Nous* est sujet puisqu'il précède le verbe.

Laute frére dire come ça: Mo alle coupe lhérbe moulin. L'autre frère dit comme ça : Je vais cou-
pour mo bourique. Avlà zautes dé allé.
per de l'herbe pour mon âne. Voilà qu'eux deux s'en vont.

Lhére zautes fine allé çatte sourti enbas lilit,
Quand ils sont partis, le chat sort de dessous le
li dire coume ça: « Mo ptit méte, coulé: na-
lit, il dit comme ça: « Mon jeune maître, écou-
pas lapéne vous çagrin* ; quand vous vlé acoute
tez: ce n'est pas la peine que vous vous affligiez ;
moi, vous a vine rice qui apéle rice. » So méte
si vous voulez m'écouter, vous deviendrez riche,
dire li: « Qui to a fére? Éne çatte pitit coment
ce qui s'appelle riche. » Son maître lui dit: « Que
toi, toi qui a capave trouve manzé pour dé dou-
feras-tu? Un chat petit comme toi, toi qui
mounnes? » Çatte li entété, li dire : « Mo
pourras trouver à manger pour deux personnes? »
méte, done moi ça qui mo dimande vous, aprés
Le chat tient bon, il dit: « Mon maître, donnez-
lésse moi fére, wou a voir! » So méte dire
moi ce que je vous demande, après laissez-moi

---

* *Cagrin,* chagrin. Il est verbe, comme nous l'avons établi.

li : « Eh ben ! causé. Qui to vlé ? — Mo vlé botes
faire, vous verrez ! » Son maître lui dit : « Eh
sembe éne sac. » So méte done li ça qui li di-
bien ! parle. Que veux-tu ? — Je veux des bottes et
mandé.
un sac. » Son maître lui donne ce qu'il demande.

Çatte méte so botes, li prend so sac, li amare
Le chat met ses bottes, il prend son sac, il
li dans so léreins, aprés li allé, li allé zis-
l'attache autour de ses reins, ensuite il va, il va
qu'à li arive dans éne grand lapléne acote té
jusqu'à ce qu'il arrive dans une grande plaine où
iéna bon morceau iéves. Li prend so sac, li méte
il y avait beaucoup de lièvres. Il prend son sac,
làdans bon morceau lastrons, li ouvert labouce
il met dedans une bonne quantité de lasseron, il
so sac ; guéte so malice ça çatte là, dréte labouce
ouvre la bouche de son sac ; voyez sa malice à ce
ça sac là li amare éne ptit lacorde bien longue ;
chat, droit à la bouche de ce sac il attache une
aprés, li arquilé, li caciéte enbas feilles, so li-
petite corde bien longue ; ensuite il recule, il se
ziés tout séle dohors, mo dire vous. Avla éne
cache sous les feuilles, ses yeux seuls sont dehors,
papa iéve vini, cri, cri, cri, cri. Li arive
vous dis-je. Voilà un gros lièvre qui vient, cri,

drête av sac; labouce sac ouvért, lastron làdans,
cri, cri, cri. Il arrive droit au sac; la bouche du
iéve entré pour manzé. Avlà çatte hisse lacorde
sac est ouverte, du lasseron est dedans, le lièvre
éne coup : li làdans *, manami ! Iéve crié :
entre pour manger. Voilà le chat qui tire la corde
grâce, papa çatte, mo napas fére encore ! Çatte
tout à coup : ça y est, mon amie ! Le lièvre crie :
napas acoute li, li touye li. Après, li amare
grâce, mon bon Monsieur le chat, je ne le ferai
so lipiéds, li ouvert so vente, li foure éne ptit
plus ! Le chat ne l'écoute pas, il le tue. Ensuite
dibois làdans, li méte li dans so boursac, li alle
il attache ses pieds, il ouvre son ventre, il fourre
drétte lacase léRoi.
un petit bâton dedans, il le met dans son boursac, il va droit à la maison du Roi.

Çatte vlé entré, avlà soldat qui té monte la-
Le chat veut entrer, voilà le soldat qui montait
garde dans laporte léRoi, li barre li cimin.
la garde à la porte du Roi qui lui barre le che-
Més çatte entété. Avlà léRoi qui tende doumoune
min. Mais le chat s'entête. Voilà le Roi qui en-

---

* *Làdans !* là dedans ! interjection qui répond à notre ça y est ! c'est dans le sac.

cause fort dans so laporte li dire : « Més, qui
tend du monde parler fort à sa porte il dit : « Mais
çaça qui sipite sipite come ça dans mo laporte,
qui est-ce qui dispute, dispute comme ça à ma
don ! » So soldat là réponde li : « Éne faye*
porte, donc ! » Son soldat lui répond : « Un chat
çatte qui dire li vlé parle av vous. Eh ben ! lésse
de rien qui dit qu'il veut vous parler. Eh bien !
li entré. »
laissez-le entrer. »

Çatte souye lipieds dans laporte, li entré, li
Le chat s'essuie les pieds à la porte, il entre, il
tire iéve dans so boursac, li dire léRoi : « léRoi,
retire le lièvre de son sac, il dit au Roi : « Sire,
avlà éne iéve qui mo méte Moussié Carabas té
voilà un lièvre que mon maître, Monsieur Carabas,
laçasse pour vous. » Avlà léRoi bien content li
a chassé pour vous. » Voilà le Roi bien content
répondé : « Dire grand merci Moussié Carabas. »
il répond : « Dis grand merci à Monsieur Cara-
Çatte allé.
bas. » Le chat s'en va.

Lendimain grand bomatin çatte alle dans éne
Le lendemain de grand matin le chat va dans

---

* *Faye* du français failli ; « un failli chien », disent les matelots.

grand carreau diblé, so sac là zamés quitté. Li
un grand champ de blé, son sac-là ne le quitte ja-
comence encore, li méte so sac enbas, li ou-
mais. Il commence encore, il pose son sac par
vert so labouce, li méte làdans bon morceau la-
terre, il ouvre sa bouche, il met dedans une bonne
farine maïe, aprés li caciéte enbas vitiver dans
quantité de farine de maïs, puis il se cache sous le
bôrd carreau. Avlà éne perdrix qui vire viré pour
vétyver au bord du champ. Voilà une perdrix qui
manze ça lafarine là ; perdrix entré, çatte hisse
tourne, tourne pour manger cette farine-là ; la
éne coup so ptit lacorde : làdans méme ! perdrix
perdrix entre, le chat tire tout d'un coup sa petite
maillé.
corde : ça y est ! la perdrix est prise.

Li améne perdrix là lacase léRoi, li dire lé-
Il porte cette perdrix à la maison du Roi, il dit
Roi : « LéRoi, avlà éne perdrix qui mo méte
au Roi : « Sire, voilà une perdrix que mon maître,
Moussié Carabas té dire moi doné dans vous la-
Monsieur Carabas, m'a dit de vous remettre en
main ». Avlà léRoi bien content, li apéle so do-
propres mains. » Voilà le Roi bien content, il
mestique : « Donnez-moi éne coup à boire à ça
appelle son domestique : « Donnez-moi un coup

çatte là*. » *Avlà çatte li boire. Lhére li fine à boire à ce chat-là.* » Voilà le chat qui boit. *boire li dire :* « *Sifét va! mo disang fané! Grand merci, léRoi; aprés Bondié vous méme mo cule!* Grand merci, Sire; après Dieu c'est vous *méte.* » qui êtes mon maître. »

Avlà coment li dicende léscalier, enbas peron Voilà que comme il descend l'escalier, au bas *lavarangue li trouve éne bélebéle carosse av quate* du perron de la varangue il voit un superbe car- *çouvals làdans; li dimande av cocé :* « *Hé wou!* rosse avec quatre chevaux, il demande au cocher : *Qui fére ça carosse là, don?* » *Cocé dire li :* « Hé vous! pourquoi faire ce carrosse-là, donc? » « *Ça? carosse pour léRoi alle promené av so* Le cocher lui dit : « Ça? c'est le carrosse pour *mamzéle grand cimin làbas bôrd larivière.* » que le Roi aille se promener avec sa fille sur le *Lhére çatte fine tende ça, li galpé lacase so* grand chemin là-bas au bord de la rivière. » *méte, ti, ti, ti, ti, taillé méme, sans posé.*

---

* Ici le conteur veut que le Roi parle français : « Donnez-moi un coup à boire à cet homme-là »; ce sont de ces phrases qui s'impriment à jamais dans une mémoire.

6.

Quand le chat a entendu ça, il court chez son maître, ti, ti, ti, ti, ventre à terre, sans s'arrêter.

Li arivé, li dire so mête : « Quand vous vlé acoute moi, azourdi même vous pour vine rice qui apéle rice. So méte dire li: « Bien sir mo va acoute toi, àcause mo coné to malin coment sipas. Causé éne fois! » Çatte *dire li : « Ah ben! anons allé! »*

Il arrive, il dit à son maître: « Si vous voulez m'écouter, aujourd'hui même vous deviendrez ce qui s'appelle riche. Son maître lui dit: « Bien sûr je t'écouterai, parce que je sais que tu es malin comme je ne sais pas qui davantage. Parle une fois! » Le chat lui dit: « Eh bien! allons! »

Li améne so méte bôrd lariviére, li dire li: « Tire tout vous linze, ente dans dileau. » So méte dire li : « Qui fére ente dans dileau frés là! — Entré, mo dire wou, napas létemps causecausé àçthére. » So méte ente dans dileau; so çatte ramasse tout lahardes so méte, li caciétte

Il conduit son maître au bord de la rivière, il lui dit: « Retirez tous vos habits, entrez dans l'eau. » Son maître lui dit : « Pourquoi entrer dans cette eau froide là ? — Entrez, vous dis-je, ce n'est pas le temps de bavarder à présent. » Son maître entre dans l'eau, le chat ramasse toutes les hardes de son maître, il les cache sous des roches, il dit : « Restez là, attendez que je vienne vous chercher. » Il laisse son maître dans l'eau, il monte au bord du rempart pour épier le passage du carrosse du Roi.

Voilà que tandis qu'il est assis là il voit le carrosse du Roi venir au grand galop droit à lui. Voilà qu'il se lève, il crie : « A moi ! A moi ! Mon Dieu ! Mon Dieu ! Les marrons ont volé tout le linge de mon maitre qui est à se baigner dans l'eau !! » Allez voir ! c'est lui-même qui a caché les habits sous les roches.

enbas roces, li dire : « Réste là, aspéré mo vine çace vous. » Li quitte so méte dans dileau, li monte bôrd rempart* pour guétte guétte carosse léRoi passé.

Avlà coment li assisé là li voir carosse léRoi vine grand galop drétte av li. Avlà li lévé, li crié : « A moi ! A moi ! Bondié ! Bondié ! Marrons fine volor tout linze mo méte qui aprés baingne dans dileau !! » Awouah ! li méme qui té caciéte linze enbas roces.

---

* Nos rivières, pour la plupart profondément encaissées, coulent entre deux rives à pic, deux « remparts ».

LéRoi tende ça crié là, li fére aréte caléce;
Le Roi entend ces cris-là, il fait arrêter la voi-
ça méme çatte té voulé. Li alle cotte léRoi, li
ture ; c'est juste ce que le chat voulait. Il va au-
dire come ça : « LéRoi ! LéRoi ! mon pauve
près du Roi, il dit comme ça : « Sire ! Sire ! mon
méte, Moussié Carabas, vous coné ça qui tou-
pauvre maitre, Monsieur Carabas, vous savez celui
zours envôye vous iéve av perdrix là, coment
qui toujours vous envoie ce lièvre et cette per-
li aprés baingne so lécorps dans dileau, marons
drix, tandis qu'il est à se baigner dans l'eau, les
féque volor tout so linze ! » LéRoi dire av so
marrons viennent de voler tous ses habits ! » Le
domestique : « Galpé lacase, ouvért mo larmoire,
Roi dit à son domestique : « Cours au palais,
améne linze pour Moussié Carabas. Vané méme,
ouvre mon armoire, apporte des habits pour
pendgare li gagne larhime dans dileau frés là. »
Monsieur Carabas. Cours vite, de peur qu'il ne
s'enrhume dans cette eau froide là. »

Avlà Msié Carabas méte so linze léRoi. Mo
Voilà Monsieur Carabas qui met les habits du
dire ous, sifet va ! àforce li vine zoli lafille *

---

* Le mot *fille* d'ordinaire ne prend pas l'article ; mais nous sommes à la Cour, la langue s'élève.

Roi. Je vous le dis vraiment! tant il devient joli,
léRoi napas capave guétte li drétte, li blizé
la fille du Roi ne peut le regarder droit, elle est
bésse bésse so liziés. Çatte guétte zautes éne
obligée de baisser, baisser ses yeux. Le chat les
coup, li maziné, li rié. Lésse zautes!
regarde un coup, il songe, il rit. Laissez-les !

Çatte galpé divant carosse. Li trouve éne grand
Le chat court devant le carrosse. Il voit une
bande noirs qui aprés casse maïe, li dire zautes :
grande bande de noirs qui sont à récolter du
« *Acouté, mézamis, si léRoi dimande zautes*
maïs, il leur dit : « Écoutez, mes amis, si le Roi
pour qui ça bitation là, dire li pour Moussié
demande pour qui cette habitation-là, dites-lui
Carabas ; si zautes napas cause come ça, mo
à Monsieur Carabas ; si vous ne parlez pas comme
fére mo sourcié av· zautes, napas iéna éne qui
ça, je ferai mes sortiléges avec vous, il n'y en a
pour dibouté dimain bomatin. Aranze zautes. »
pas un qui sera debout demain matin. Arrangez-
Tout ça noirs là à force zautes pére, zautes lazambes
vous. » Tous ces noirs-là, tant ils ont peur, leurs
fébe, mo dire wous !
jambes sont faibles, vous dis-je !

LéRoi passé, li guéte bitation là, li dire ça

134 — LE PATOIS CRÉOLE.

Le Roi passe, il regarde cette habitation-là, il
noirs qui aprés casse maïe : « Pour qui blanc
dit à ces noirs qui sont à cueillir le maïs : « Pour
ça maman bitation là ? » Zautes tout néque éne
quel blanc cette grande habitation-là ? » Tous
labouce : « Pour Moussié Carabas. » LéRoi napas
ils n'ont qu'une voix : « Pour Monsieur Cara-
dire narien.
bas. » Le Roi ne dit rien.

Çatte divant touzours. Avlà li trouve noirs
Le chat est devant toujours. Voilà qu'il voit
aprés coupe cannes, li fére zautes pére encore :
des noirs à couper des cannes, il leur fait peur
« Si zautes napas dire léRoi qui ça cannes là
encore : « Si vous ne dites pas au Roi que ces
pour Moussié Carabas zautes a guété sipas mo
cannes-là sont à Monsieur Carabas, vous verrez
yangue éne yangue. Arranze zautes. » LéRoi
si mon maléfice est un maléfice. Arrangez-vous. »
passé, li dimande zautes : « Pour qui çà cannes
Le Roi passe, il leur demande : « A qui ces cannes-
là ? » Zautes tout crié : « Pour Moussié Ca-
là ? » Ils crient tous : « A Monsieur Carabas. »
rabas. » LéRoi qui ti assisé dans so carosse li
Le Roi qui était assis dans son carrosse il dit :
dire : « Ah monami ! Sifét va, ça qui apéle

« Ah mon ami ! Oui vraiment, c'est ça qui s'appelle riche ! »

Çatte galpé touzours divant ; li arive drète
Le chat court toujours devant ; il arrive droit
éne lacase qui grand coment léglise ; li entré :
à une maison qui est grande comme une église ;
ça té lacase Louloup. Li dire : « Louloup,
il entre : c'était la maison du Loup. Il dit : « Le
Louloup, mo napas ti vlé passe divant vous la-
loup, le loup, je n'ai pas voulu passer devant
porte sans dire vous bonzour. » Louloup dire
votre porte sans vous dire bonjour. » Le loup
li : « To té bienfét, mo pitit. » Avlà zautes dé
lui dit : « Tu as bien fait, mon enfant. » Les
cause causé. Çatte dire av Louloup, guétte bien
voilà tous deux qui causent de choses et d'autres.
so siprit ça çatte là : « Mo té tende dire quand
Le chat dit au loup, regardez bien son esprit à
vous vlé vous capabe fonde éne coup pour vine
ce chat : « J'ai entendu dire que quand vous vou-
lion ou bien zalphant, ça qui vous léquére con-
lion ou bien éléphant, ça qui vous léquére con-
lez, vous pouvez fondre tout d'un coup pour de-
tent. » Louloup dire li : « To a voir talhére,
tent. » Louloup dire li : « To a voir talhére,
venir lion ou éléphant, suivant votre gré. » Le
mo pitit. » Coment li dire ça, li fonde éne coup

loup lui dit : « Tu vas voir tout à l'heure, mon
même, li vine éne gros lion. Çatte trouvé ça,
enfant. » Comme il disait cela, il fond d'un seul
àforce li père li saute lafenéte, lésse li sauté,
coup, il devient un gros lion. Le chat voit ça,
li monte làhaut bardeaux. Louloup blizé rié,
il a si grand'peur qu'il passe par la fenêtre, laissez-
li crié : « Napas pére, pitit, dicendé. » Çatte
le sauter, il monte sur les bardeaux. Le loup ne
dicendé, li dire Louloup : « Manman! napas
peut s'empêcher de rire, il crie : « N'aie pas peur,
péle pére qui mo té pére, papa Louloup! Més,
petit, descends. » Le chat descend, il dit au Loup :
Louloup, vous té çanzé pour vine lïon, esqui
« Maman! ça ne s'appelle pas une peur que j'ai
vous capabe çanzé pour vine zozo oubien lérat ? »
eu peur, Seigneur loup! Mais, le loup, vous avez
Louloup dire : « Sifét, mo pitit, mo capabe. »
changé pour devenir lion, est-ce que vous pou-
Avlà li fonde éne coup, li vine lérat. Çatte,
vez changer pour devenir oiseau ou rat ? » Le loup
manami! pése li dans so latéte même, li touye
dit : « Oui, mon enfant, je le peux. » Voilà qu'il
li, li manze li.
fond d'un coup, il devient rat. Le chat, mon ami!
le saisit par la tête même, il le tue, il le mange.

Avlà coment li féque manze ça Louloup là, li
Voilà que comme il venait de manger ce loup-
tende carosse léRoi vine dans lacour ; li alle
là, il entend le carrosse du Roi venir dans la
ouvert laporte carosse li prye léRoi dicendé sembe
cour; il va ouvrir la portière du carrosse, il prie
so pitit av Missié Carabas. Çatte dire léRoi :
le Roi de descendre avec sa fille et Monsieur Ca-
« *Ça lacase là · pour mo méte, Moussié Carabas;*
rabas. Le chat dit au Roi : « Cette maison est
vine promené, vou a voir. » Avlà léRoi prôméné,
à mon maître, Monsieur Carabas; venez pro-
proméné ; li guété, li guété ; napas péle bélebéle
mener, vous verrez. » Voilà le Roi qui promène,
lacase mo dire ous! Quand çatte fine fére zautes
promène; il regarde, il regarde ; ça ne s'appelle
promené tout quiquepart, li fére zautes assise
pas une belle maison, je vous dis! Quand le
dans éne grand lasalle àcote té iéna éne grand
chat les a fait promener partout, il les fait asseoir
latabe rempli pâtés, brioces, pralines, bonbons
dans une grande salle où il y avait une grande
tout sorte ; té iéna gouyaves, té iéna zacques,
table chargée de pâtés, de brioches, de pralines,
té iéna caramboles, té iéna vavangues, papayes,
de gâteaux de toute sorte ; il y avait des gouyaves,

cocos, mambolos, zanblongues, té iéna tout ça
il y avait des jacques, il y avait des caramboles,
qui té iéna ; més, monanmi! ti éna éne divin,
il y avait des vavangues, des papayes, des cocos,
qui ti divin côment zamés divin ti divin !
des mambolos, des jamlongs, il y avait tout ce
qu'il y avait ; mais, mon ami ! il y avait un vin,
qui était du vin comme jamais vin n'a été vin !

Avlà léRoi coment li sise à table li dire :
Voilà le Roi en s'asseyant à table qui dit :
« *Sifét va, moi qui léRoi, mo honté mo lacase*
« Oui, vraiment, moi qui suis roi, j'ai honte que
napas zoli coment pour vous, Moussié Cara-
ma maison ne soit pas jolie comme la vôtre,
bas. » Lhére zautes tout zautes fine assise à
Monsieur Carabas. » Quand tous ils se sont assis
tabe, ça qui manzé manzé, ça qui boire boire.
à table, ceux qui mangent mangent, ceux qui
Avlà léRoi goûte ça divin là, éne coup li dire
boivent boivent. Voilà le Roi qui goûte ce vin-
Msié Carabas : « *Moussié Carabae, quand vous*
là, du coup il dit à Monsieur Carabas : « Mon-
vlé, mo marié vous sembe mo pitit. » So mam-
sieur Carabas, si vous voulez, je vous marie avec
zéle léRoi li tende ça, monami, àforce li tonma fille. » La demoiselle du Roi entend ça, mon

GRAMMAIRE. 139

tent li vlé dire, grand merci, mo papa ; narien
ami, elle est si contente qu'elle veut dire grand
sourti, so labouce séque.
merci, mon papa ; rien ne sort, sa bouche est sèche.

Msié Carabas qui té pauve coment moi même
Monsieur Carabas qui était pauvre comme moi-
li dire : « Mo béte moi ! sipas vous croire mo
li dire : « Je suis bête moi ! si vous croyez
va dire non. » Zautes lévé, zautes méte légants,
que je vais dire non. » Ils se lèvent, ils mettent
zautes alle léglise, zautes marié. LéRoi done éne
des gants, ils vont à l'église, ils se marient. Le
grand bal, li fére çatte sise à table acote li :
Roi donne un grand bal, il fait asseoir le chat à
avlà àçthére çatte fine vine grand missié.
table près de lui : voilà maintenant que le chat
est devenu un grand monsieur.

Quand soupé fini avlà çatte léve dans so place ;
Quand le souper est fini voilà le chat qui se
li passe àcote so méte li dire li : « Ah ben,
lève de sa place ; il passe auprès de son maître, il
mo méte, qui ous croire ? menti ça qui mo té
lui dit : « Eh bien, mon maître, qu'en pensez-
dire vous éne zour la ? » So méte dire : « Sifét
vous ? était-ce un mensonge ce que je vous ai dit
va ! to éne çatte coment zamés té éna çatte. »

un jour ? » Son maitre dit : « Oui vraiment ! tu es un chat comme jamais il n'y a eu de chat. »

Avlà çatte coment li alle dans so laçambe
Voilà le chat comme il va dans sa chambre
pour dourmi, mo sivré li pour mo tire so botes.
pour se coucher, je le suis pour que je lui tire ses
Lhére mo fine tire so botes, pour dire moi grand
bottes. Quand j'ai tiré ses bottes, pour me dire
merci li envôye moi éne coudepied qui fére moi
grand merci, il me donne un coup de pied qui
tombe ici pour raconte vous ça zhistoire là.
me fait tomber ici pour vous raconter cette histoire-là.

So finition zhistoire çatte qui té éna botes *.
Fin de l'histoire du Chat botté.

Le conte suivant nous semble surtout intéressant à cause de sa ressemblance avec plusieurs fabliaux du moyen âge, entre autres avec « le Segretain, moine ». Cette ressemblance est-elle pure-

---

* Nous devons ce conte à l'obligeance de M. F. de la B., que nous remercions de sa précieuse collaboration. Alors que dans presque toutes les productions soi-disant écrites en créole, la langue fait au français des concessions un peu bien nombreuses, elle conserve ici sa physionomie dans toute son originalité. Le conte finit, comme tout vrai conte créole doit finir, par le coup de pied traditionnel qui fait tomber le conteur devant son auditoire.

ment fortuite, ou bien y a-t-il parenté entre les deux contes, et n'avons-nous ici qu'une adaptation au créole d'une histoire venue toute faite de « la grand terre » ? Le lecteur pourra décider en toute connaissance de cause.

MORT LAHAUT BOURIQUE.
LE MORT SUR L'ANE.

Éne fanme ti dans so lacase av so galant. So mari ti fine sourti dipis àsoir sans dire li quand li ti pour rentré. Grand bomatin coq çanté comére dire quand il devait rentrer. De grand matin au tende batte laporte. Li dimandé : Qui là ? — So mari réponde : Moi.
Une femme était dans sa maison avec son gamari ti fine sourti dipis àsoir sans dire li quand
lant. Son mari était sorti depuis le soir sans lui
li ti pour rentré. Grand bomatin coq çanté comére
pour rentrer. Grand bomatin coq çanté comére
dire quand il devait rentrer. De grand matin au
chant du coq la commère entend frapper à la porte.
Elle demande : Qui est là ? — Son mari répond : Moi.

Lhére là comére dire av so galant : Alle vitement cacié dans ça grand lazare qui dans coin lacase. Li alle cacié.
Alors la commère dit à son galant : Va vite te cacher dans cette grande jarre qui est dans le coin de la case. Il va se cacher.

Lhére comére fine ouvért laporte so mari dimande
Quand la commère a ouvert la porte, son mari
li sipas li fine métte dileau dans difé pour fére café.
lui demande si elle a mis de l'eau au feu pour faire
So fanme dire li : « Alà mo alle mété ; més coment ous
le café. Sa femme lui dit : « Voilà que je vais la
tourne vitement começa? — Mo fine trouve ça dou-
mettre ; mais comment revenez-vous vite comme
moune qui mo té alle voir là, et mo tourne tousite,
ça? — J'ai trouvé l'individu que j'allais voir, et je
alà tout. »
reviens tout de suite, voilà tout. »

Létemps là dileau fine bouï. Li vide dileau làhaut
Cependant l'eau était bouillante. Elle verse l'eau
café ; larestant dileau — mo napas coné qui li ma-
sur le café ; le reste de l'eau — je ne sais à quoi
ziné — li vide li dans lazare àcote galant ti fine alle
elle pensait — elle le vide dans la jarre où le galant
cacié. Pauve malhéré là sans causé li fine saisi sembe
était allé se cacher. Le pauvre diable, sans dire un
ça dileau çaud là, li rédi, li crévé... Dans so crévé
mot, est saisi par cette eau bouillante, il se raidit,
so labouce ti fine réste dimi ouvért coment dire li ti
il meurt... Dans la mort sa bouche était restée
aprés rié.
demi-ouverte, comme s'il eût été en train de rire.

Bomatin, lhére so mari fine alle prend louvraze,
Le matin, quand son mari fut parti pour son
fanme là dire av so galant: « Sourti vitement, alà li
travail, la femme dit à son galant : « Sors vite, le
fine allé, pendgare quiquefois li capave tourne en-
voilà parti, de peur que peut-être il ne revienne
core. » Galant napas bouzé.
encore. » Le galant ne bouge pas.

« *Més sourti vitement, mo dire toi !... Ah! ah!*
« Mais sors vite, te dis-je !... Ah! ah! je te parle,
mo cause av toi, to rié ! » Li voir li napas oulé aréte
tu ris ! » Elle voit qu'il ne veut pas cesser de rire,
rié, li tiombo li par so civés, li halle déhors lazare ;
elle le saisit par les cheveux, elle le tire hors de la
néque lhére là qui li trouvé li fine mort. « Bondié,
jarre ; ce n'est qu'alors qu'elle voit qu'il est mort.
bondié, manman! Coment mo a fére av éne lécorps
« Bon Dieu, bon Dieu, maman! Comment vais-je
mort dans mo lacase ! »
faire avec un corps mort dans ma case ! »

Li maziné! li maziné! Te énan éne vié bourique qui
Elle réfléchit! elle réfléchit! Il y avait un vieil âne
marce marcé dans lacour; li prend ça doumoune mort
qui allait et venait dans la cour ; elle prend l'homme
là, li amare li làhaut bourique, li largue bourique.
mort, elle l'attache sur l'âne, elle lâche l'âne.

Bourique couri, li alle dans térain éne grand
L'âne se sauve, il va dans le champ d'un vieil-
moune qui ti énan maïe planté. Bourique néque
lard qui avait du maïs planté. L'âne ne fait que
moulé, li qui ti gagne neque ciendent touzours pour
moudre, lui qui n'avait jamais que du chiendent à
manzé. Létemps li aprés moulé, bonnefemme voir
manger. Tandis qu'il s'en donne, la bonne femme
éne missié làhaut bourique, so bourique aprés manze
voit un monsieur sur un âne, et l'âne en train de
so maïe. « Eh ous, Msié! qui ous fére? Ous lésse
manger son maïs. « Eh vous, Monsieur! que fai-
vous zanimau vine manze mo maïe ous enlére làhaut
tes-vous? Vous laissez votre bête venir manger
li! Ous napas capave empéce li fére dégats! » Msié
mon maïs alors que vous êtes sur son dos! Vous
là napas réponde narien, li rié. — « Coment! mo
ne pouvez pas l'empêcher de faire des dégâts! » Le
parle honéte av vous, encore vous baingne av moi! »
monsieur ne répond rien, il rit. — « Comment!
je vous parle honnêtement, et vous vous moquez
de moi! »

Lhére là bonnefemme souqué, li crié « bonhome! »
Alors la bonne femme est furieuse, elle appelle
Bonhome vini av so bâton; bonnefemme dire li:
le bonhomme. Le bonhomme vient avec son bâ-

« *Ous capave croire mo parle av ça Missié là, mo ton, la bonne femme lui dit : « Pouvez-vous croire dire li napas lésse so zanimau manze mo maïe, li que je parle à ce monsieur-là, je lui dis de ne pas baingne av moi, li néque rié !* » *Avlà bonhome en-* laisser sa bête manger mon maïs, il se moque de *vôye éne coudebâton ça Missié qui ti làhaut bouri-* moi, il ne fait que rire ! » Voilà le bonhomme qui *que : bouf ! Msié tombé. Avlà bonhome voir ça, li* donne un coup de bâton au monsieur qui était sur *dire : « Ah ! Bondié ! Bondié, mo fanme, qui nous* l'âne : bouf ! le monsieur tombe. Voilà le bon- *fine fére ! Nous fine touye éne doumoune : qui nous* homme qui voit ça, il dit : « Ah ! mon Dieu, mon *a fére ! » Bonnefemme maziné ; li dire : « Napas* Dieu, ma femme, qu'avons-nous fait ! Nous avons *bisoin pére. »* tué un homme : qu'allons-nous faire ! » La bonne femme réfléchit ; elle dit : « N'ayez pas peur. »

Li prend éne paquét viévié linze, li amare ça
Elle prend un paquet de très-vieux linge, elle
doumoune mort là dans ça paquét linze là. Li fére
attache l'homme mort dans le paquet de linge.
coment dire, létemps li fine arive lamoquié cimin
Elle fait semblant alors qu'elle était arrivée à moi-
pour arive larivière, li fine blye savon dans so la-

tié chemin pour se rendre à la rivière, d'avoir oublié le savon chez elle; elle pose le paquet par
terre, elle court comme si elle allait chercher son
savon. Derrière elle des voleurs viennent, prennent le paquet et se sauvent.

*Ça magniére là bonnefemme té fine trouvé coment
çappe dans malhére.*

C'est de cette manière que la bonne femme avait
trouvé le moyen de se tirer d'un mauvais pas.

*Coquins sitant coquin, zousqu'à zautes coquin dou-
moune môrt. Ça méme so finition zhistoire.*

Les voleurs sont voleurs jusqu'à voler les corps
morts. C'est ainsi que finit l'histoire.

PROVERBES ET DICTONS.

Nous donnons le mot à mot de chacun, avec
un court commentaire qui en précise l'emploi,
alors que nous n'y joignons pas l'équivalent français.

Zafféres moutons napas zafféres cabris;

Les affaires des moutons ne sont pas les affaires des cabris. (Ne vous mêlez pas de ce qui ne vous regarde point.)

Touléjours napas fête Cinois;

Tous les jours ce n'est pas la fête chinoise. (Ce proverbe, du moins sous cette forme, date de quelques années seulement. Les Chinois, à l'occasion de la convalescence du prince de Galles, sollicitèrent et obtinrent du gouverneur de faire, dans les rues du Port-Louis, une procession quasi-religieuse qui rencontra toute la faveur du populaire; les solennités de cet éclat sont rares!)

Zaco napas guéte so laquée, li guétte pour son camerade;

Le singe ne regarde pas sa queue, il regarde celle de son voisin. (« On se voit d'un autre œil qu'on ne voit son prochain. »)

Napas éna fromaze qui napas trouve so macathia*;

Il n'y a pas de fromage qui ne trouve son pain bis. (Pas de fille si laide qu'elle ne trouve qui l'épouse.)

Çatte qui éna matou fére lembarras;

---

* Une vieille nénéne nous corrige ainsi : *Napas énan macathia rassis qui napas trouve so morceau fromaze.*

La chatte qui a un matou fait ses embarras.

Laboue moque lamare;

La boue se moque de la mare. (La pelle se moque du fourgon.)

Çappe dans poêlon tombe dans difé;

S'échapper du poêlon et tomber dans le feu. (Tomber de fièvre en chaud mal.)

Lizié napas éna balizaze;

Les yeux n'ont pas de frontière. (L'œil a le droit de regarder tout ce qu'on montre.)

Manéze napas pariaze, ménaze napas badinaze;

Le manége n'est pas un pari, le ménage n'est pas un jeu. (Le manége n'est pas un champ de course, non plus que le mariage un jeu. Quelques-uns disent : *Mariaze napas pariaze, ménaze napas badinaze.*)

Çaquéne senti so douléré;

Chacun sent sa peine.

Li fine vende son coçon;

Il a vendu son cochon. (Il dépense comme il n'a pas accoutumé de faire.)

Zamés béf senti so corne trop lourd;

Jamais le bœuf ne sent ses cornes trop lourdes.

Coment to tale to natte faut to dourmi;

Comme tu étends ta natte il faut que tu te couches. (Comme on fait son lit on se couche.)

Ça qui ti bien fére, zamés ti mal fére;

Ce qui est bien fait n'est jamais mal fait. (Ne vous repentez jamais d'une bonne action, d'un devoir rempli.)

Batté rendé zamés fére mal;

Les coups rendus ne font jamais de mal. (Se venger console.)

Conseillére napas payére;

Le donneur de conseil n'est pas le payeur. (Ce n'est pas le donneur de conseil dont la bourse est en cause.)

Li manque lagale pour gratté;

Il manque de gale pour se gratter. (Il a tout à souhait.)

Balié néf, balié prope;

Balai neuf, balai propre. (Tout nouveau, tout beau.)

Métte çarétte divant milét;

Mettre la charrette avant le mulet. (Atteler la charrue avant les bœufs.)

Doucement napas empéce arrivé;

Aller doucement n'empêche pas d'arriver.

Dileau dourmi touye doumounde;

L'eau qui dort tue les gens. (Il faut se méfier de l'eau qui dort.)

Zouré napas éna lentérement;

Les jurons n'ont pas d'enterrement (ne tuent pas).

Dans mariaze liciens témoins gagne batté;

Aux noces des chiens les témoins ont des coups. (Entre l'arbre et l'écorce il ne faut pas mettre le doigt.)

Napas zoué av difé, wou a bourle vous cimise;

Ne jouez pas avec le feu, vous brûlerez votre chemise.

Poule qui çanté ça même qui fine ponde;

La poule qui chante est celle-là même qui a pondu.

Çouval napas marce av bourique;

Le cheval ne marche pas avec l'âne. (Chacun doit garder sa place, son rang.)

Côte Anglés passé larzent poussé;

Où passent les Anglais l'argent pousse.

Souliers faraud, més domaze zautes manze lipieds;

Les souliers sont élégants, mais c'est dommage qu'ils mangent les pieds.

Quiquefois wou plante zharicots rouze, zharicots blanc qui poussé;

Quelquefois vous plantez des haricots rouges, et ce sont des haricots blancs qui poussent.

Dizéfs canard plis gros qui dizéfs poule;

Les œufs de cane sont plus gros que les œufs de poule.

Dizéfs côq poule qui fére;
Les œufs du coq, c'est la poule qui les fait.
Bon lilit, bon ménaze;
Bon lit, bon ménage.
Lilit pour dé napas lilit pour trois;
Un lit pour deux n'est pas un lit pour trois.
Li napas bon pour tate poules;
Il n'est pas bon à tâter les poules (pour savoir si elles ont l'œuf : quel homme nul !)
Crace en lére tombe làhaut nénez;
Il crache en l'air, ça lui retombe sur le nez.
Ça qui dourmi napas pense manzé;
Qui dort ne pense pas à manger. (Qui dort dîne.)
Larzent bon, més li trop cére;
L'argent est bon, mais il est trop cher.
Dilét béf napas dilét vace;
Du lait de bœuf n'est pas du lait de vache.
Aspére iéve dans marmite avant causé;
Attendez que le lièvre soit dans la marmite avant de parler. (Il ne faut pas vendre la peau de l'ours avant de l'avoir mis par terre.)
Lacase bardeaux napas guétte lacase vitivére;
La maison couverte de bardeaux ne regarde point la case couverte de vétiver. (Le palais dédaigne la chaumière.)
Azourdi tout marmites diboute làhaut difé;

Aujourd'hui toutes les marmites sont debout sur le feu. (Chacun a sa place au soleil.)

Çarbon zamés va done lafarine;

Le charbon jamais ne donnera de farine. (A blanchir la tête d'un nègre on perd sa lessive.)

Li pour marié, més quiquefois bague mariaze glisse dans lédoigt;

Il doit se marier, mais quelquefois la bague de mariage glisse du doigt. (Il y a du chemin de la coupe aux lèvres.)

Mari napas trouve dans vitivére;

Un mari ne se trouve pas dans le vétiver. (Presque tous nos carreaux de cannes sont entourés d'une bordure de vétiver, en vue du chaume dont on couvre les cases.)

Quand gagne larmoire, napas guétte côffe;

Quand on a l'armoire, on ne regarde pas le coffre. (Le coffre est chez nous l'armoire des pauvres. Après le lit de cordes arrive le coffre; en troisième lieu..., l'accordéon.)

Marcé narien, lazambes qui bisoin;

Marcher n'est rien, il n'est besoin que de jambes.

Quand lébras trop courte, napas zoinde;

Quand les bras sont trop courts, ils ne se rejoignent pas, autour de l'objet qu'ils embrassent.

Vié coq, zéne poule;

Vieux coq, jeune poule.
Trôp gratté bourlé;
Trop gratter brûle, cuit.
Lhére coq çanté, li bon pour marié;
Quand le coq chante, il est bon à marier.
Vide éne boutéye pour rempli laute, qui li?
Vider une bouteille pour en remplir une autre, qu'est-ce? (A quoi bon?)
Ça qui coupe son nénez volor son figuire;
Celui qui se coupe le nez vole sa figure.
Vous perdi vous létemps; azourdi dimance, tout possons laméssë;
Vous perdez votre temps; c'est aujourd'hui dimanche, tous les poissons sont à la messe.
Poule qui fére dé dizéfs zamés touyé;
La poule qui fait deux œufs n'est jamais tuée.
Quand prend trop boucoup, li glissé;
Quand on prend trop, cela glisse. (Qui trop embrasse mal étreint.)
Divant camrades capabe largue quilotte;
Devant des camarades on peut lâcher sa culotte. (Entre amis on peut se déboutonner.)
Divant tranzés faut boutonne caneçon;
Devant des étrangers il faut boutonner son caleçon.
Quand gagne compagnée, faut mélte cimise prope;

7.

Quand on a de la compagnie, il faut mettre une chemise propre.

Quand fenme léve so robe, diabe guétte so lazambe;
Quand une femme relève sa robe, le diable regarde sa jambe.

Laquée bourique napas laquée çouval;
Une queue d'âne n'est pas une queue de cheval.

Quand diabe voulé prend vous, li cause bondié av vous;
Quand le diable veut vous prendre, il vous parle de Dieu.

Quand vous marce dans laboue, léve vous caneçon;
Quand vous marchez dans la boue, relevez votre caleçon.

Ça qui gagne zoli fille gagne coudeçapeau;
Celui qui a une jolie fille reçoit des coups de chapeau.

Quand diabe alle lamésse, li caciétte so laquée;
Quand le diable va à la messe, il cache sa queue.

Malade vine làhaut iéve, li alle làhaut tourtie;
La maladie vient sur le lièvre, elle part sur la tortue.

Ptit lasoif ptit coco, grand lasoif grand coco;
Petite soif petit coco, grande soif grand coco.
(Le coco était le verre à boire du noir esclave, il a cédé la place à la moque en fer-blanc du coolie.)

Crésson content boire dileau;
Le cresson aime à boire l'eau.
Quand li napas gagne pôsson salé, douriz ploré;
Quand il n'a pas de poisson salé, le riz pleure.
Quand canon causé, fisil honté;
Quand le canon parle, le fusil a honte.
Azourdi casse en fin dimain tape langouti;
Aujourd'hui bien mis, demain en langouti. (Le langouti est le seul vêtement des hommes qui vont tout nus.)
Quand vous guétte làhaut vous liziés vine pitit;
Quand vous regardez en haut vos yeux rapetissent.
Bagasse boucoup, flangourin ptit morceau;
Beaucoup de bagasse, peu de jus.
Quand vous dicendé, métte zenrayaze;
Quand vous descendez, enrayez.
Quand vous monté, prends létemps soufflé;
Quand vous montez, prenez le temps de souffler.
Quand vou alle loin, done boire vous bourique;
Quand vous allez loin, donnez à boire à votre âne.
Li zétte grand laseine pour prend candioc;
Il jette une grande seine pour prendre des candiocs (du fretin).

Dileau bouï, métte bréde;

L'eau bout, mettez les brèdes. (Il faut battre le fer pendant qu'il est chaud.)

Li casse so maïe avant li fine mir;

Il casse son maïs avant qu'il soit mûr. (Il mange son blé en herbe.)

Çatte qui fine bourle av difé pére lacende.

Le chat qui s'est brûlé avec le feu a peur de la cendre. (Chat échaudé craint l'eau froide.)

Quand lamôrt vini, vous pense vous lavie;

Qand la mort vient, vous pensez à votre vie.

Ça qui tine poêlon qui cone so prix lagrésse;

C'est celui qui tient le poêlon qui connait le prix de la graisse.

Quand vente faim, siprit vini;

Quand le ventre a faim, l'esprit vient.

Quand vous marce àsoir, métte vous liziés dans vous lipieds;

Quand vous marchez le soir, mettez vos yeux à vos pieds.

Ça qui fine goûte larac zamés perdi son goût;

Celui qui a goûté l'arac n'en oublie jamais le goût.

Ça qui Anglés causé, zautes méme tendé;

Ce que disent les Anglais, eux seuls le comprennent.

Zaco malin, li même té montré noir coment volor;

Le singe est malin, c'est lui qui a montré au noir comment on vole.

Temps Francés zourmons té plis gros qui temps Anglés;

Du temps des Français les giraumons étaient plus gros que du temps des Anglais.

Béf, avant, ti çouval, li même ti tréne carosse;

Le bœuf, autrefois, était cheval, c'est lui qui trainait le carrosse. (Il y a quelque quarante ans, et c'étaient de singuliers équipages.)

Laplie tombé, couroupas va sourti;

La pluie tombe, les colimaçons vont sortir.

Tonére ronflé, dizéfs gâté;

Le tonnerre ronfle, les œufs se gâtent, ou

Tonére ronflé, dizéfs couvé pour tourné;

Le tonnerre ronfle, les œufs couvés vont tourner.

Béfs laquée en lére, mauvés temps napas loin;

Les bœufs ont la queue en l'air, le mauvais temps n'est pas loin.

Zozo paillenqui crié là haut, coudevent vini;

Le paille-en-cul crie là-haut, le coup de vent vient.

Plis vaut mié vous pitit gagne larhime qui vous arrace son nénez;

Il vaut mieux laisser votre enfant morveux que de lui arracher le nez.

Dire moi qui vous zamis, mo va dire vous qui vous ;

Dites-moi quels sont vos amis, je vous dirai qui vous êtes. (Dis-moi qui tu hantes et je te dirai qui tu es.)

Coudepied napas empéce coudecorne ;

Les coups de pied n'empêchent pas les coups de corne.

Moulins vapére fine manze moulins divent ;

Les moulins à vapeur ont mangé les moulins à vent.

Açthére moulin dileau rôde larivière ;

A présent le moulin à eau cherche la rivière.

Ça qui touye son lécorps travaille pour lévéres ;

Celui qui se tue travaille pour les vers.

Lhére wou alle baigné améne cotômaïe ;

Quand vous allez vous baigner, portez une rafle de maïs (mot à mot « un coton de maïs », c'est la savonnette du pauvre).

Ça qui boudé manze boudin ;

Celui qui boude mange du boudin (intention pittoresque?)

Séga av tamtam zautes dé fine mort ensembe ;

Le séga et le tamtam sont tous deux morts ensemble.

Quand lipied glissé, restant sivré;
Quand le pied glisse, le reste suit.
Pile enbas napas làdans;
Piler en bas n'est pas là dedans. (Il ne faut pas écraser son ennemi par terre. On dit aussi *bourre enbas.*)
Moustique pitit, més lhére li çanté vous zoréye plein;
Le moustique est petit, mais quand il chante, votre oreille est pleine.
Côte cabri monté noir napas monté;
Où monte le cabri le noir ne monte pas.
Ça qui content moi content mon licien;
Celui qui m'aime aime mon chien.
Azourdi tout fenmes alle confésse, més lhére zautes tourne léglise diable zétte encore pécé av zautes;
Aujourd'hui toutes les femmes vont à confesse, mais quand elles reviennent de l'église le diable leur jette encore des péchés.
Quand léciel tombé, tout mouces va maillé;
Quand le ciel tombera, toutes les mouches seront prises.
Larzent napas trouve dans lipied milét;
L'argent ne se trouve pas dans le pied d'un mulet.
Roce entété, més quand téti cause av li, li répondé;
La roche est entêtée, mais quand le têtu lui

parle, elle répond. (« Téti » ou « titi », le plus gros des marteaux du casseur de pierres.)

Li çarrié dileau la riviére ;

Il porte de l'eau à la rivière.

Léguimes rare ; brinzéle av pomedamour cacié gardes : zautes napas larzent pour péye patente ;

Les légumes sont rares ; les bringelles et les pommes d'amour se cachent des gardes : elles n'ont pas d'argent pour payer patente.

Couroupa dansé, zaco rié ;

Le couroupas, colimaçon, danse, le singe rit.

Pitit Timbalo manze dizéfs ;

Le fils de Timbalo mange les œufs. (Tel père, tel fils. Le chien Timbalo volait les poules.)

Lhére lamontagne bourlé, tout dimounde coné ; lhére léquére bourlé, qui coné ?

Quand la montagne brûle, tout le monde le sait ; quand le cœur brûle, qui le sait ?

Sipas vous croire Cinois assez béte pour lésse Malayes coupe zautes laquée ;

Croyez-vous les Chinois assez bêtes pour laisser les Malais leur couper la queue ? (Le français dit dans le même sens faire la barbe, faire la queue.)

Mon langouti dans piondinde ;

Mon langouti est dans les pignons d'Inde. (Je suis fort embarrassé ; comment paraître !)

Mo bouï goni;

Je bous du goni. (Je suis dans l'embarras.)

Diabes dans filaos;

Les diables sont dans les filaos. (Les gardes arrivent.)

Péye av coquilles;

Payer avec des coquilles. (Payer en monnaie de singe.)

Quand vente crié, zoréyes sourde;

Quand le ventre crie, les oreilles sont sourdes. (Ventre affamé n'a point d'oreilles.)

Sérin dérobé, maille bengali;

Le serin se dérobe, prenez le bengali. (A défaut de grives, contentez-vous de merles.)

Li plante boutéyes vide pour gagne boutéyes plein;

Il plante des bouteilles vides pour récolter des bouteilles pleines. (Il ne risque rien, il ne peut que gagner à l'affaire.)

Zéné coment zaco dans rondaze;

Gêné comme un singe dans un enclos circulaire en palissades.

Li boire dileau Grand rivière;

Il boit de l'eau de la Grande rivière. (Il est parvenu, il dédaigne ses premiers amis.)

Éne mariaze manze dans marmite;

Un mariage où l'on mange dans la marmite. (Noces contrariées par la pluie.)

Éne mariaze dérière lacousine;

Un mariage derrière la cuisine. (Union libre.)

Vous napas va montré vié zaco faire grimaces;

Vous ne montrerez pas à un vieux singe à faire des grimaces.

Bardeaux couvert tout;

Les bardeaux couvrent tout. (Tout se passe à huis clos. Que de choses dans les familles, qu'ignorent les étrangers!)

Éne baptême lérat;

Un baptême de rat. (Baptême sans dragées.)

Fouille batate av nénez;

Fouiller les patates avec le nez. (Avoir la vie dure, manger de la vache enragée.)

Vente enflé, mouces zaune té pique li;

Le ventre enfle, les mouches jaunes l'ont piqué. (Comment se l'expliquer autrement, en dehors du mariage?)

Laprière martins;*

La prière des martins. (Conversation où tous crient à la fois.)

---

* Au coucher du soleil ils reviennent par milliers à l'arbre qui leur sert de dortoir, et c'est un tapage étourdissant avant que chacun ait retrouvé et reconquis sa place.

Brouille dileau pour fére laboue ;

Brouiller l'eau pour faire de la boue, et pêcher en eau trouble.

Métte lassomoir lérats av poules* ;

Tendre un assommoir à rats pour prendre les poules. (Mésuser d'une bonne chose.)

Éna dileau dans lacour ;

Il y a de l'eau dans la cour. (La maison est riche.)

Éne çatini sans piment ;

Un chatenis sans piment. (Une chose manquée, ratée.)

Çatte noir apéle larzent ;

Un chat noir présage de l'argent.

Couteau divant toi ;

Un couteau devant toi. (Une ordure.)

Naplis éna çapeau dans mo lacase ;

Il n'y a plus de chapeau dans ma case. (Je suis veuve ; je n'ai plus de mari qui me protége.)

Çatte boire dilhouile enbas latabe ;

Le chat boit l'huile sous la table. (On se moque de vous sans que vous vous en aperceviez.)

Li éna larouille dans coin zoréyes ;

---

* Les rats, qui dans les premiers temps de la colonisation infestaient l'île au point de la rendre presque inhabitable, sont encore, dans quelques quartiers, un des fléaux de la culture.

Il a de la rouille dans le coin des oreilles. (Il perd toujours au jeu.)

Li fine marié éne boutéye vide ;

Il a épousé une bouteille vide. (Une femme sans dot. On dirait aussi à une jeune fille qui prêterait l'oreille aux galanteries d'un homme marié : *Napas acoute li, éne boutéye vide ça ;* Ne l'écoute pas, c'est une bouteille vide.)

Vous napas bisoin souffe difé enbas marmite qui napas pour vous ;

Vous ne devez pas souffler le feu sous une marmite qui n'est pas à vous. (Mêlez-vous donc de vos affaires, ne fourrez pas le nez dans celles d'autrui.)

Li fine monte làhaut tablétte ;*

Elle est montée sur la tablette. (Elle a coiffé sainte Catherine.)

Napas vous sangsie qui a monte làhaut moi ;

Ce n'est pas votre sangsue qui montera sur moi. (Vous ne m'exploiterez point.)

Napas vous laliane darzent qui a monte làhaut mo tonélle ;

Ce n'est pas votre liane d'argent qui montera

---

* Est-ce une création du créole, ou la traduction de l'anglais : *She will oson be put on the shelf.*

sur ma tonnelle. (D'une jeune fille à un jeune homme dont elle repousse les avances.)

Li laçasse zozos pariaca ;

Il chasse aux oiseaux à paliaca. (Le paliaca, mouchoir à carreaux de couleurs vives, était la coiffure de toutes les jeunes négresses.)

Li pose canapé ;

Il dépose son canapé. (Il s'établit à demeure dans la maison, soit comme pique-assiette, soit comme prétendant à la main de la demoiselle de céans.)

Larzent napas éna famille ;

L'argent n'a pas de famille. (En affaires, point de parents.)

Montagnes zamés zoinde, doumounde zoinde ;

Les montagnes ne se rencontrent jamais, les hommes se rencontrent. (Il n'y a que les montagnes qui ne se rencontrent pas.)

Li fére éne tourou pour bouce laute ;

Il fait un trou pour en boucher un autre. (Il emprunte pour payer une dette.)

Li léve laquée ;

Il lève la queue (il oublie son humble origine).

Lapauveté napas éne vis, més li éne bien gros coulou ;

La pauvreté n'est pas un vice, mais c'est un bien gros clou. (On estime ce proverbe un des plus spirituels du créole ; nous l'en croyons innocent, le mot *vice* n'est pas créole.)

Azourdi soûle bon temps, dimain pagayé ;

Aujourd'hui le plaisir, demain la pagaye. (Les jours se suivent et ne se ressemblent pas.)

Gouïe passé, difil sivré ;

Que l'aiguille passe, le fil suivra. (C'est au chef de donner l'exemple à ses hommes.)

Li fine vide son bouête condamné ;

Il a vidé sa boîte condamnée. (Il a cassé sa tire-lire ; il dépense sans compter.)

Laline touve clére àsoir, zamés li trompe cimin ;

La lune voit clair le soir, jamais elle ne se trompe de chemin.

Boucoup disic dans cannes, més domaze marmites napas nous ;

Beaucoup de sucre dans les cannes, mais par malheur nous ne sommes pas les marmites. (On nous vole à l'usine.)

Dimounde qui fére larzent, napas larzent qui fére dimounde ;

Ce sont les hommes qui font l'argent, ce n'est pas l'argent qui fait les hommes.

Mo naplis éna divent dériére ;

Je n'ai plus le vent derrière. (Je n'ai plus le vent en poupe ; la chance ne me sourit plus.)

Lalangue napas lézos ;

La langue n'a pas d'os. (De là sa facilité à se mouvoir. Le proverbe s'applique un peu à tout propos, pour une calomnie, pour une parole inconsidérée, pour une indiscrétion ; mais jamais mieux, ce nous semble, qu'à propos d'une promesse que l'on fait quoiqu'on sache ne devoir pas la tenir, d'un engagement verbal qu'on se promet bien de considérer comme non avenu.)

Mégue coment çatte qui manze lérats misqué ;

Maigre comme un chat qui mange des rats musqués.

Coq çanté divant laporte, doumoune vini ;

Un coq chante devant la porte, quelqu'un vient.

Si cancarlat pas manze toi, to va manze cancarlat ;

Si le cancrelat ne te mange pas, tu mangeras le cancrelat. (Se dit ironiquement à quelqu'un qui dit ou fait quelque chose d'extraordinaire.)

Zafféré pavillon bâton brède ;

Affaire d'intérêt purement local, étroitement mauricien ; du pavillon fait d'un bâton de brède.

Napas éna bouillon pour li ;

Il n'y a pas de bouillon pour lui. (Plus d'espoir, il est perdu.)

Cancarlat sourti dans lafarine ;

Le cancrelat sort de la farine. (Se dit à une femme noire couverte de poudre de riz.)

Boutéye vide dans panier ;

Une bouteille vide dans un panier. (A là même qui a mis un chapeau.)

Mo doné, qui ous guété ?

Je vous donne, que regardez-vous ? (Impertinence à l'adresse de celui qu'on vient de coudoyer par mégarde : vous avez déjà reçu, réclamez-vous encore quelque chose ?)

Zamés disél dire li salé ;

Le sel ne dit jamais qu'il est salé.

Quand done vous bourique, vous pas bisoin guétte so labride ;

Quand on vous donne un âne, vous ne devez pas regarder sa bride. (A cheval donné on ne regarde pas à la dent.)

Bon bagout çappe lavie ;

L'habileté de la parole sauve son homme. (Bagout ou bagoul est français, nous n'avons pas à le définir.)

Napas rémié fimié sec ;

Ne remuez pas le fumier sec.

NOTE AUX PROVERBES ET DICTONS.

Nous devons prévenir nos lecteurs créoles que plusieurs de nos proverbes nous sont connus sous différentes formes entre lesquelles nous avons dû choisir notre version. Ainsi le dicton : *Coment to tale to natte faut to dourmi,* Comme tu étends ta natte, il faut que tu te couches ; se dit aussi : *Acôte to métte to natte to dourmi,* Où tu mets ta natte, tu te couches. Cet autre : *Dans mariaze liciens témoins gagne batté,* Aux noces des chiens les témoins sont battus ; est également : *Létemps mariaze, quand licien guété, li gagne batté,* En temps de mariage, quand le chien regarde, il est battu, etc., etc. Nous pourrions multiplier ces exemples ; mais nous croyons qu'il suffisait de signaler le fait.

Ce qui est bien autrement grave, c'est que le même proverbe a plusieurs sens et, partant, des applications souvent contradictoires.

Bibasse li goût, més son lôyau qui li ? La bibasse est excellente, mais son noyau qu'est-il ? première glose, la seule bonne, la seule sensée, affirment ceux qui nous la donnent ; et ils s'appuient d'un dicton analogue : *Vide éne boutéye pour rempli l'aute, qui li ?* Vider une bouteille pour en remplir une autre, à quoi bon ?

D'autres commentateurs — assez voisins des premiers — ponctuent différemment ; le point d'interrogation disparait : *més so lôyau qui li ;* mais c'est le noyau qui est soi, c'est-à-dire noyau, par conséquent gênant et désagréable. Ils apportent, eux aussi, leurs preuves à l'appui ; par exemple, cette phrase employée par les créoles quand ils ont été acquittés en justice : *Zaffére qui fine passé narien, laute qui pour vini qui li*, l'affaire passée n'est rien, c'est l'affaire à venir qui est le hic. Manénène, dit l'un des rédacteurs de cette seconde version, lorsqu'elle me voyait dans mon enfance abuser de mes jeunes forces, et surtout de mon jeune estomac, ne manquait jamais de me citer notre proverbe, qu'elle aurait donc interprété en prose française : après le plaisir le déplaisir, voire l'indigestion ; en vers :

La bibasse a bon goût, mais prends garde au noyau ;

en latin : *uti non abuti*.

Erreur, corruption, hérésie ! s'écrient de nouveaux scoliastes. *Més so lôyau qui li !* avec un point d'admiration, Monsieur ; et voici le seul sens : Mais c'est dans le noyau qu'est le fruit ! On leur objecte que des noyaux de bibasse sont un régal médiocre. Doucement, disent-ils, l'amande a son charme, et vous saurez qu'on en fait une eau-de-vie exquise. Mais, d'ailleurs, comment se tromper sur le *qui li* quand nous en avons des emplois comme celui-ci : *Mamzelle Coco zoli, més so liziés qui li,* Mademoiselle Coco est jolie, mais ce sont ses yeux, Monsieur, ce sont ses yeux !!

En présence de ces autorités également considérables, de ce luxe de preuves sans réplique, comment va conclure l'auteur ? Il se réserve de donner son opinion dans la quatrième édition de son ouvrage.

LOCUTIONS.

Méte av li, attaque-le, cherche-lui querelle ; mot à mot : mets avec lui.

Li baingne av vous, il se moque de vous. Le mot à mot : il se baigne avec vous, est assez obscur ; s'il se moque, c'est peut-être que vous n'êtes pas fait comme l'Antinoüs.

Napas toi qui pour bite av moi, ce n'est pas toi qui es de taille à me le disputer. Du français débuter ou mieux abuter : à tous les jeux d'adresse on abute pour voir à qui l'avantage de jouer le premier.

Li senti pi, il sent mauvais. Adverbe tiré du verbe puer.

Li pique souçouna, il se soûle. *Souçouna* c'est l'arac ; mot créé.

Dimande nouvéles so çava, demandez des nouvelles de sa santé. Du français comment *ça va*-t-il ?

Mo dibouté, je suis debout. Verbe créé par le créole.

Li soule bontemps, il se soûle de bon temps ; il s'amuse et ne travaille point.

Civés cotomaïe, cheveux *coton* de maïs, blond très-clair.

Civés babamaye, cheveux *baba* de maïs, rouges de la couleur des stigmates qui s'échappent de l'épi de maïs encore enveloppé dans les spathes. Nous avons plus haut expliqué les mots *cotomaïe* et *babamaïe.*

Ene dimounde, dimoune, dimonde, doumounde, doumoune, une personne, un homme. Au sens indéfini, *on.*

Parié lacourse, courir à qui plus vite.

So fouca lévé, sa folie se réveille. *Lévé* traduit réveiller à tous les sens du mot : *Mo té lévé* veut dire, j'étais réveillé.

Ene manman lacloce, une cloche énorme.

Ene papa bâton, un très-gros bâton, une trique.

Li tape colons, il flatte les puissants ; mais que viennent faire les colons là dedans !

Enguéze dimounde, engueuser les gens, cajoler. Le redoublement *enguéze enguéze* a de plus le sens de badiner, ne pas faire sérieusement ; ainsi, aux cartes : Nous ne jouons pas d'argent, *nous napas zoué larzent, nous après enguéze enguéze.*

Li maillé, li dans lamaille, il est pris, ou bien il est dans l'embarras.

Li dans zaffére, il est dans une mauvaise passe, une méchante affaire.

Batte lalangue, mot à mot, battre la langue, médire, calomnier, ou bien parler à tort et à travers, et par extension, divulguer un secret.

Fane lapipie, répandre une nouvelle. *Lapipie* est l'appât qu'on répand pour attirer le poisson ; *labouéte* est l'appât qu'on fixe à l'hameçon.

Malade malgace, la maladie malgache, l'épilepsie.

Cause bétises, conter fleurette.

Ene cari brouillaze, un cari embrouillé. *Brouillaze,* brouillamini, mot créé par le créole.

Li dans so séré, dans so zéné; il est dans ses petits souliers ; serré, gêné.

Casse paquét dibois, donner une poignée de main énergique ; *the true genuine shake hand.* Aussi, donner une poignée de main à un supérieur : *Mâ-*

tin ! *fine casse paquét dibois av Gouvernére, lamain là pas pour lavé,* on ne lavera pas cette main-là !

Li dans gouyaves, il est dans les goyaviers ; il s'est sauvé. Dans un autre sens, il est hors de la question, il s'égare.

Li dans banoirs, li dans vavangues, il est dans les bois noirs, dans les vavangues. Même sens, il s'égare, il bolte. Ces trois locutions ont une origine commune. A l'époque où les courses furent introduites à Maurice, le fond du Champ de Mars était une forêt de bois noirs, de goyaviers et de broussailles où disparaissaient volontiers nos coureurs mal dressés.

Ene zozo dibois, ene zozo grandbois, zozo mayoc, zozo blanc, zozo bétebéte, un niais, un imbécile.

So civés fine mîr, ses cheveux sont mûrs, il grisonne. De même : *So lédents mîr,* ses dents sont mûres.

Mo lédents béte, je vis sans en avoir envie, mot à mot, mes dents sont bêtes. Bêtes encore les dents du rire involontaire, au milieu d'une cérémonie triste par exemple ; bêtes, dans tout rire hors de saison ; ainsi : Madame X... a de jolies dents qu'elle montre volontiers. Elle sourit gracieusement à tous les menus propos de monsieur Z.., planteur considérable qui lui fait les honneurs de sa table. On est au dessert ; ce que j'aime, dit M. Z.., — et sa voisine découvre ses perles — c'est l'haleine suave que donne le gruyère. Le sourire s'achève en grimace : Madame X. avait eu *lé dents béte*.

Dimance rouze, le dimanche rouge. La semaine des quatre jeudis.

Ene plonzére à séc, un plongeur à sec, tête aux cheveux drus et crépus.

Ene brosse coco, une brosse de coco, tête aux cheveux courts, drus et rudes.

Mo dégaze mo name, mo lécorps, je me dépêche, mot à mot, je dépêche mon âme, mon corps. *Dégazé* traduit rigoureusement dépêcher.

Fére bétel coulé, mettre la bouche en sang, mot à mot, faire couler le bétel.

To labouce, to laguéle gratté, tu parles sans rien dire. Nous avons vu *gratté* pour démanger.

To lapatte gratté, tu touches à tout ; mot à mot, ta patte démange.

Li fére pont av moi, il fait de moi un marche-pied, un pont.

Laguéle en patangue, une bouche en compote.

Tricmardaze, tripotage, agissements malhonnêtes. Mot créé.

Pose lacole av doumoune, poser la colle, la glu, pour prendre quelqu'un.

Lapéce cabots, rester bouche béante; mot à mot, la pêche aux cabots.

Fére so comis, faire son bon valet, son commis.

Peingne latéte ptit randanes, peigner à petites boucles.

Lésprit zaco, une balourdise; mot à mot, esprit de singe. Le mot *esprit* ou *siprit* est récent; le mot manquait, sinon la chose.

Zanglés manze houritte, un Anglais mangeur d'houritte, un homme de la lie du peuple, du mob.

Li pousse bord, il pousse son bord, sa pointe.

Liziés soursouris, des yeux de chauve-souris, de petits yeux.

Liziés boutonière, des yeux en boutonnière, petits et bridés : beauté chinoise.

Liziés bigorneau, des yeux de bigorneau; variété voisine.

To rôde mo laguéle, tu me provoques à te dire des injures, à te dire crûment ma façon de penser, mot à mot, tu cherches ma gueule.

Ene réstant laçaine, un ancien esclave, un forçat libéré; mot à mot, un reste de chaîne.

Ene réstant pendi, un reste, un fils de pendu.

Brédes diboute, brèdes debout, saisies dans l'eau bouillante.

Nous fine gâte zamis, nous sommes brouillés.

Le mot *ami* ou *zami* est nouveau : c'était *camrade*.

Réste séc, réste couac, rester coi, la bouche clouée.

Ene figuire boutane, une grosse face bête.

Ene gaga, un bègue, en malgache, fafa. *Li gaga,* il est bègue, ou bien il ne sait quoi dire, il bégaye.

Ene grand blanc, un personnage, affaire d'optique.

Laporte quartier, la porte des casernes. (Une grande bouche sans dent.)

Lallée citrons, l'allée des citrons. La ligne que suivent les agrafes ou les boutons d'une robe sur le devant du buste.

Li en pleine ceintire, elle est grosse à pleine ceinture.

Laplie tombe par battant, il pleut à seaux.

Laplie assisé, il pleut sans discontinuer ; mot à mot, la pluie s'assoit.

Tombe par battant làhaut doumounde, assaillir quelqu'un en masse.

Ene latéte nique mouces, une tête à gros cheveux ébouriffés ; mot à mot, en nid de mouches.

Ene bombarde dimiél, une ruche à miel.

Pile cimin, beaucoup marcher, piler le chemin.

To a manque lapéle av moi, tu ne me prendras pas, tu perds ton temps ; mot à mot, tu manqueras l'appel avec moi. L'appel matinal des travailleurs précède la distribution de la tâche du jour. Je n'y serai pas.

Mo a tombé lévé pour li, je suis à lui corps et âme; je me relèverai aussi souvent que je tomberai.

Couraze qui av moi, c'est mon courage qui me soutient, qui est avec moi.

Mo lamain lévé, ma main se lève. L'expression a deux sens : je suis en fonds, j'ai touché; ou bien je sens que la veine me vient.

Mo lapoce canzé, je suis sans un sou; ma poche est collée par l'empois, le cange. *Cange,* en français, a ou a eu le sens d'empois.

Pose labouéte, poser la bouète, amorcer quelqu'un. Le mot bouète est français comme terme de pêche.

Cimin lérats, raie de cheveux mal faite; chemin des rats.

Casse cordon, rompre la paille; casser le cordon, d'où :

Zassociés fine casse cordon, l'association est rompue.

Virecaille, mourir; virer, tourner de l'œil.
Caillelouce, louche, borgne, aveugle.
Cailleborne, borgne.

Blacaille, œil poché; celui-ci est tout simplement l'anglais *black eye.*

Ene vié cicot roc, un vieillard décrépit; un vieux chicot de rocher.

Ene laguéle pavé, une bouche qui ne goûte pas, une gueule pavée.

Ene gros palés, un palais indifférent; grossier, à qui tout est bon.

Li fére moi passe misères, il m'en fait voir de grises; il me fait passer des misères.

Ene bonvalet lasoupe salée, un rapporteur; un bon valet qui raconte qu'on a renversé la salière dans la soupe; s'en serait-on aperçu ?

To liziès béte, tu désires tout ce que tu vois; tes yeux sont bêtes.

Li éna léfoie blanc, il a le foie blanc. Se dit d'un homme qui redevient veuf aussitôt qu'il se remarie.

To laguéle pi, tu dis des jurons; ta bouche sent mauvais.

To zoréyes çaud, tu es désappointé; tes oreilles sont chaudes.

So latéte coment léroi martin, il est presque chauve; sa tête est comme celle du roi des martins.

Li néque fraillefraillé, il fouraille partout.

Zense mangue salée, la populace; les gens de la

mangue salée. Se disait surtout des gens du quartier de la Saline.

Li quémequéme, il est embarrassé. Mot créé.

To va lingué, tu seras pris, ou tu seras battu.

To va gagne lingué, tu seras battu. Du français *élingue* ou *ralingue.*

Ene baté touyé, une pile à tuer.

Li foulé, il est gros et court; foulé.

Mo va zouingue toi, je vais te battre.

Ene toupie av so lacorde, un tout petit homme et une très-grande femme; une toupie avec sa corde.

Fére mosse, faire fiasco. Terme emprunté au jeu de toupie.

Zautes té affrone moi, ils m'ont fait affront.

Fére loratére, faire le galant, l'aimable; l'orateur.

Quiqueçose malangue, quelque chose de nauséabond.

Ene goût malangue, un mauvais goût.

Li gagne lamaille, il a une querelle; il a maille à partir.

Ene mandingue, un mensonge. C'est le mot malgache lui-même.

Mo léquére enbas roce, je suis dans l'inquiétude; mon cœur est sous une roche.

Ene cafade, une femme très-noire.

Ene cipaye, licorne sur la braise, arrosée de citron avec du piment.

Ene roubarouba, maïs en poudre, brèdes et viande salée.

Lavianne kitouse, viande salée, peu fraîche.

Maf, mou et lourd.

Ene doumounne lalo, un homme qui vous glisse entre les doigts, une anguille. Le lalo est un légume visqueux.

Li éna moutouc dans latéte, il a un grain, une araignée dans le plafond. Le moutouc est un insecte xylophage.

Li amére zisquà nàpas bon, c'est amer jusqu'à n'être pas bon. Il faut que ce soit d'une amertume atroce.

Li gnangnan, il est indolent et mou ; ou bien il ânonne en parlant.

Lipieds pirogue malgace, des pieds énormes ; taillés en pirogue malgache.

Wou a pile douriz avant, vous trimerez auparavant ; vous pilerez du riz.

Qui mo embrasse ! Que m'importe ! en quoi cela m'embarrasse-t-il.

Zautes trôp senti pi, mouces zaunes méme napas tini av zautes, ils sentent trop mauvais, les mouches jaunes mêmes ne tiennent pas auprès d'eux.

Mo napas mouces pour ous méte dimiél av moi, je ne suis pas une mouche pour que vous tentiez de me prendre avec du miel.

Ena labouce av li, Ena bagout av li, il a de la faconde.

Li séc dans lacase, disél même napas dans calbasse, il fait sec à la maison, pas même de sel dans la calebasse.

Vantard sans disél, vantard sans argent; sans sel.

Faraud sans disél, petit-maitre sans argent; faraud sans sel.

Li enbas enbas, zamés li guétte vous drette, il est en dessous, jamais il ne vous regarde droit; en face.

Mo labouce fade, je ne goûte rien; j'ai la bouche fade.

Mo léquére fade, je n'ai goût à rien; j'ai le cœur fade.

Ene cari mamou, un brouillamini.

Débrouille vous cari, débrouillez votre cari, tirez-vous du guêpier où vous vous êtes fourré.

Assez guétte ça, vous liziés a côté, assez regarder ça, vos yeux vont s'y coller.

Ene capor, un fort, un athlète.

Sipéque, maigre. Sipéque est le nom donné à une espèce de sauterelle.

Ene sipèque, une pimbêche. L'insecte a le corsage long et maigre.

Lapéce touctouc*, pêche à l'anguille.

Li fére touctouc av moi, il cherche à me sonder.

Li doutése, li dans la doutance, il est dans le doute, *doutése* est le *douteux* du lièvre de La Fontaine.

Li envôye en marçant, à chaque pas il projette le ventre en avant.

Bisoin trop labouce av li, il faut trop discuter avec lui; il faut trop de bouche.

Mo napas fautére, je ne suis pas coupable, fautif. Mot créé.

Li fére cassecou, Li lapéce anguille, il fait cassecou, il pêche à l'anguille; il dort assis en laissant à chaque instant retomber sa tête sur sa poitrine.

Mounanmounan, le diable.

Ene camela, un Chinois, terme d'amitié; un camarade.

Ene titimayelo, un Chinois, c'est un juron dans leur langue.

Li cause menti, il ment.

To menti enbas vente, tu mens impudemment;

---

* Voir la création du mot à l'Onomatopée.

du fond du ventre, ce qui part de plus bas que notre « du fond de la gorge ».

Ene catacata, éne catac, une coquette, mot créé. Le mot *catac* se prend en très-mauvaise part.

Ene doumounde bilimbi, une personne aigre. Le bilimbi est le plus acide de nos fruits.

Ene lalangue laf, une langue de vipère. Le laf est un poisson armé sur le dos d'un aiguillon dont la piqûre est parfois mortelle.

So lécorps coule dileau, il ruisselle de sueur; mot à mot, son corps coule de l'eau.

So lécorps quime dileau, il est couvert d'écume.

Li touzours pour mette piment, il est toujours prêt à envenimer les choses; à mettre du piment.

Napas fére zautes kisskiss, ne les irritez pas l'un contre l'autre *.

Li tire liziés av moi, il me fait des yeux furieux.

Li té fite lédent av moi, il a affûté sa dent contre moi. De l'ongle du pouce on aiguise une de ses dents incisives : c'est une forme de défi outrageante.

Li fére so lagazétte, li améne li partout, il fait sa gazette, il le répand partout.

---

* Voir l'Interjection.

Li fine casse so laguéle dans so labouce, il lui a clos le bec.

Mo déhaïe li morceau, je commence à le haïr moins. Mot créé.

Li casse bancal, il boite.

Lazambe torte, pied bot.

Li fine granfougne moi, il m'a égratigné.

Bouce trou av mo quilotte, raccommodez mon pantalon.

Mo té passe li éne coudezambéque, je lui ai donné un croc-en-jambe.

Fére guidiguidi, chatouiller.

Li napas capave sourti so lipied dans bloc, il ne peut retirer son pied du bloc. Le bloc était l'énorme brodequin de bois où l'on emprisonnait la jambe du noir marron qu'on avait repris : l'expression est donc purement figurée.

Li doite laboutique, il a des dettes.

Li trop content çanze lassiétte, il aime trop le changement. La boutique et l'assiette, parce qu'à l'indéfini nous préférons le défini, au général le particulier.

So zilét rode so boutons, il est débraillé ; son gilet cherche ses boutons.

Li ronflé coment cervolant patangue, il ronfle comme un tuyau d'orgue ; comme un cerf-volant patangue.

Li gagne lapipie, il a toujours soif; il a la pépie.
Pare dizné, préparez le déjeuner.
Pare vous lipied, garez votre pied.
Zautes sourti av moi coment mouce dimiél dans bombarde, ils sortent contre moi comme un essaim d'abeilles d'une ruche.
Li trop gouyave, il est trop poltron; trop goyave. Nous avons expliqué plus haut : *Li dans gouyave*.
Li mire moi, il me vise. C'est du français.
Zautes napas encore té saye ensemble, ils ne se sont pas encore mesurés, essayés.
Li méme qui gros lacloce, c'est lui qui a la voix prépondérante; qui est la grosse cloche.
Li fine lave so détte, il a payé sa dette; lavé.
Li fine coquin tout, il a tout volé.
Mo va fére li dans mo bréloque, je le ferai dans mes loisirs. Le temps de breloque était la couple d'heures que le maitre donnait à l'esclave dans le haut du jour. Peut-être dans les premiers temps annonçait-on la suspension du travail par un roulement de tambour, d'où l'expression.
Li marron lacase so manman, il s'est sauvé chez ou de chez sa mère.
Ene gauçard, éne gauçarde, un gaucher, une gauchère.
Ene robe gonaze, une robe de mauvaise étoffe.

Gonaze, cochonnerie, ordure : *Li manze gonaze,* il mange des cochonneries.

Ene grand balalame, un grand dégingandé. Mot créé : peut-être un « bat la lame », qui projette les bras comme dans la façon de nager que l'on nomme la brasse ?

Li coutiriéze, elle est couturière.

Li manze pizon, il mange du pigeon, pour il fait bonne chère : toujours le particulier pour le général.

Napas café, dileau bardeaux, ce n'est pas du café, c'est de l'eau sale, telle que la pluie la fait couler des bardeaux de nos toits ; reproche sensible à la « Madame » dont le café est clairet.

Li fine manze mangue vért, il est ivre ; il a mangé des mangues vertes.

Moicassetoi, de l'arac ; du « je te casse ».

Dileau sans gournouïe, de l'arac ; de l'eau sans grenouilles.

Dilét tigue, de l'arac ; du lait de tigre.

Li casse lamarre, il est ivre ; il casse l'amarre, il va à la dérive.

Ene ptit coudesipion, un petit coup de sec ; plus d'un de nos Africains s'est appelé Scipion.

Ene coudemoustique, un coup d'arac avant de se coucher ; pour chasser les moustiques.

Ene coup coq çanté, un coup au chant du coq.

Li fine gagne éne coudesoléye dans lombe, il est ivre ; il a pris un coup de soleil à l'ombre.

Li ripliprés, il festonne, il bat les murs ; il a pris les ris au plus près. Aliàs : *li riperipé ?*

Zautes aprés cause ptit causé coment zozos quinquin, ils chuchotent comme deux bengalis.

Ena couteau divant toi, il y a un couteau devant toi : une ordure.

To fine marce dans difé to fine bourlé, tu as marché sur du feu, tu t'es brûlé ; sur quelque ordure.

Li fine taqué, doctére té dire li tétte av bourrique, il est attaqué de la poitrine, le médecin lui a ordonné le lait d'ânesse ; mot à mot, de teter avec une bourrique.

Ene goulipia, éne gouyaffe, un goulu, un goinfre.

Mo fine saute so latéte éne couderoce, je lui ai fait sauter la tête d'un coup de pierre.

Labec sauté, rester coi, avoir le bec emporté.

Li dire moi ça, mo vine courte, il me dit cela, je reste interdit : je deviens court.

Li macote, il est sans sou ni maille. Sans doute du malgache « macota », sale.

Li pique en décendant, il fait le crâne ; il affecte de mépriser le danger, il pique son cheval en descendant.

Plante bazar, planter des légumes pour les vendre.

Zespéce blancs qui napas goût, des gens de rien ; une espèce de blancs qui n'ont pas bon goût.

Li taillé coment sipas, il est fait à la diable ; taillé je ne sais comme. Quelques-uns disent *coment sipas quiçaça*.

Quinine là ronflé dans mo latéte coment mouce dimiél dans bombarde, cette quinine bourdonne dans ma tête comme des abeilles dans une ruche.

Li té métte senti bon dans so mouçoir, il a mis de l'essence dans son mouchoir ; du « sent bon ».

Mo fine passe li éne vomi, je lui ai donné un vomitif.

Mo té féque sourti dans vente mo manman, je venais de naître. Le verbe naître n'existe pas, de là la périphrase.

Faut vous bonquére pour vous lostomac, il faut prendre sur vous de manger quelque chose ; avoir bon cœur pour votre estomac.

Mo té pése so laclé, j'ai pris sa clé ; *pésé*, prendre subrepticement, à l'improviste.

Fére moutiouc, faire la moue en signe de dédain, de mépris.

Lhéré mo vini li derobé, quand je viens, il se sauve ; il se dérobe.

Té prend li lamain dans marmite, on l'a pris la main dans le sac ; dans la marmite.

Mo napas té capave trouve so figuire, té dans lamarée noire, je n'ai pas pu voir sa figure, c'était dans une obscurité profonde : la marée noire.

Napas péle gros gros cannes ça ! Maliza même mo dire ous ! Ça ne s'appelle pas de grosses cannes ! Des maman Elisa même, vous dis-je ! C'est tout ce que nous savons de cette Elisa.

Ene maccabée, quelque chose de gros et de fort. On nomme maccabée une pince puissante employée dans les travaux des champs pour déraciner les roches énormes sur le tracé du sillon.

Ene piéce, une pièce a le même sens. *Ene piéce posson mo dire ous !* Un poisson magnifique, vous dis-je !

Mo amare mo léquére, j'appelle à moi tout mon courage ; mot à mot, j'attache mon cœur.

Li fime gandia, il est un peu fou ; il fume le gandia. Le gandia, préparation enivrante extraite du *Cannabis indica.*

Vous napas va maille li, ene bouétére, ça, vous ne le prendrez pas, il éventera le piége. Nous avons expliqué *bouétére,* tiré du français « bouette » ou « boitte », appât pour la morue.

Mo manque li pour donne moi lamain, il me

manque pour me donner la main ; pour m'aider. « I want him. »

Mo va tire so difil, je tirerai de lui ce que je désire ; mot à mot, je tirerai son fil. Dans un autre sens, je lui en ferai voir de grises. On tire de la grosse araignée noire de nos jardins un fil d'un éclat et d'une transparence telle, que nos grand'mères en firent pour l'impératrice Joséphine une paire de gants « sans seconde ».

Mo dans dilhouile, je suis dans le pétrin ; dans l'huile.

Ene couteau moucéna, un fourbe, un traitre ; un couteau moucéna.

So lamain fine alle promené, il a volé ; sa main est allée se promener.

Ene métère, un casseur, un provocateur. Nous avons vu ce sens du verbe *mété,* mettre.

Ene lémétére, un petit-maitre.

Ene embaratére, un faiseur d'embarras.

Ene médar, éne médame, un maitre passé ; un maitre d'armes. Toujours le particulier pour le général.

Ene matienpas, un « je n'y tiens pas » ; un homme insouciant de sa personne et du reste, débraillé, revenu de tout.

Ene ptit gadiac, un petit morceau.

Mo déquére, je suis indécis ; je suis deux cœurs, pour j'ai deux cœurs.

Ene lalangue cabri, éne labouce cabri, une langue, une bouche de cabri, langue ou bouche venimeuse, au propre comme au figuré.

Li guétte bord lamer, il louche ; il regarde au bord de la mer.

Tambave, maladie des enfants, le carreau ou l'une de ses variétés.

Latisane tambave, tisane contre le tambave ; au figuré, de l'arac.

Mo té gagne dourmi, j'ai été vaincu par le sommeil, j'ai dormi ; qu'il ne faut pas confondre avec

Mo té gagne soméye, j'avais sommeil ; ou plus élégamment : *Soméye te av moi,* le sommeil était avec moi.

Mo méme qui té améne toi manze disél, je suis ton parrain, c'est moi qui t'ai porté pour te faire manger le sel.

Mo léquére té alle loin, mo dire vous ! j'ai eu une peur ! Mon cœur est allé loin, vous dis-je !

Li comence çante coq, il commence à se sentir homme ; à chanter comme un coq ; mot à mot, à chanter le coq.

Li fine manze zharicots, elle est enceinte.

Li éna laquinte, il est riche ; mot à mot, il a la quinte ?

Li mingui, il est ladre, avare.

Li crainte ça doumoune là, il est vantard, il est fier cet homme-là. *Crainte* peut être une corruption de crâne.

Vou a done moi dères, vous me donnerez des arrhes. Le mot *dères* peut venir d'une construction comme « pas besoin d'arrhes ».

Mo té coince li, je l'ai pris. Coincer a le sens d'acculer dans un coin.

Sapatére, savetier, cordonnier.

Ene bélle cafade, une femme très-noire. Les enfants appellent aussi *cafade* la grosse bille qui leur sert de palet.

Vous fére ous rôle, vous faites le malin, le plaisant; votre rôle.

Li désafléré, il est hors de son assiette, de son caractère.

Toi! to éne godron! toi! tu es un goudron! âme et peau noires.

Peintiré, peindre, appliquer de la couleur. D'où :

To fine peintire li, tu l'as fait boire, le voilà gris; or le gris est une couleur, donc...

Li coupé, il se sauve, il fuit.

Ene malinbougue, un homme très-fin. Étymologie facile.

Li lagratte, il vit aux dépens d'un autre ; mot à mot, c'est une gratte.

Li fére moi fére zinga, il me fait faire zinga. L'expression n'est plus que figurée. Au temps margoze l'expression voulait dire au propre : s'accroupir sur les talons, se relever, s'accroupir et se relever encore, et aussi longtemps que durait la punition. Le coupable devait de la main gauche se tenir le lobe de l'oreille droite, et *vice versa ;* on lui posait sur la tête un objet qu'il ne devait pas laisser tomber. Aujourd'hui, faire zinga c'est trimer, se fatiguer en pure perte.

Ene zanguerna, un idolâtre, un païen ; sans doute de Jaggernaut.

Léglise zanguerna, la cantine.

Parain drazées, maréne drapeaux, parrain à dragées, marraine à drapeaux ; ayant donc toutes les qualités requises pour l'emploi.

Lampangue douriz, croûte formée par le riz qui adhère à la marmite. Mot malgache.

Li monte courant, il remonte le courant.

So name canne, l'âme de la canne, l'arac.

Ene gablou, éne viel, un bout de cigare.

Entêté coment pice mégue, entêté comme une puce maigre.

Vantard coment trouloulou, vantard comme un tourlourou (espèce de crabe).

Grandtére, le pays natal. Pour les Malgaches c'est Madagascar la grande terre par excellence, mais ils prêtent le mot à la mère patrie de quiconque n'est pas né à Maurice.

Ene lagrain, la migrain, une graine, la migraine.

Dizéf canard, œuf de cane; *dilét béf, dilét cabri,* lait de vache, lait de chèvre; nous ne pensons jamais à distinguer le mâle d'avec la femelle : *Milét,* mule ou mulet; *çatte,* chatte ou chat. Par un juste retour, certaines gens, au lieu d'un mulet (poisson), disent une mule.

Ene mauvés malade, une maladie grave; *éne mauvése mal,* une maladie secrète.

Li dans tangaze, il est dans une difficulté; dans le tangage.

Ene gros pôsson, un personnage, un gros poisson.

Li grosquére, il est jaloux, envieux; il a le cœur gros de ce qui vous arrive d'heureux.

Ene ptit dilhouile, une petite beauté.

Mitan, milieu. Vieux français.

Mo fine arive dans so mitan, j'ai pleinement atteint mon but; j'ai fait mouche.

Pitit, més couteau, petit, mais solide, de grande valeur, indépendant ; mot à mot, petit mais couteau, coupant bien.

Mo napas fié li, je ne me fie pas à lui.

Hé vous ! aranze harnés ça çouval là, vous napas trouvé croupiére tranglé li, eh vous ! arrangez le harnais de ce cheval ; ne voyez-vous pas que la croupière est trop serrée ; l'étrangle.

Nénez cambare, nez énorme. La cambare est le plus gros de nos tubercules comestibles.

Empéce baba là crié, fére canana av li, empêchez ce bébé de crier, faites aller son hochet. On nomme *canana* un hochet suspendu à l'aide d'un fil à quelques pouces du visage d'un nouveau-né, et que l'on balance pour occuper ses yeux.

Li mégue ! Tout so côtléttes dohors, il est maigre ! toutes ses côtes sont dehors.

Li gagne lhoquét, méte li dans laporte qui napas éna, il a le hoquet, mettez-le à la porte qui n'a pas de loquet ; mais ça perd à être traduit.

Toi ! qui va diboute av moi ! C'est toi qui me tiendras tête ; mot à mot, qui seras debout avec moi.

Pointi li, taillez-le en pointe. Adjectif ayant la force verbale.

Li content godaillé, il aime à courir le guilledou.

Godailler, de godet; le français familier lui faisait signifier boire à coups répétés.

Métte mizlé av li, mettez-lui une muselière.

Ene gâteau poutou, un gâteau poutou, grosse pelote indigeste faite de farine de riz malgache. D'où :

Ene poutou, une grosse femme difforme.

Mo napas vous lilit, ne vous appuyez pas sans façon sur moi, je ne suis pas votre lit.

Carabis laquée béf, favoris couleur queue de bœuf.

Camgnioco ou *cagnioco,* racaille.

Cayacaya, clopin-clopant, cahin-caha.

Tambres ou *tambes,* dattes. *Ene pied tambe,* un dattier.

Ene ptit piment, un enfant rageur.

Ene matapan, un homme ridicule, un grotesque.

Mo té matapane li, je l'ai « tourné en bourrique ».

Li fine mette catéra av moi, il m'a jeté un sort. *Catéra* est un synonyme nouveau de *yangue,* sortilége.

Mo vergue, je suis décavé, j'ai tout perdu; je suis vergue, plus de voile, la vergue est nue.

Zaza, avlà to pointére, Zaza, voilà ton galant, celui qui te pousse sa pointe.

Li souqué, il marronne, il rage en dedans.

Lapeau ! C'est l'avertissement du charretier pour demander à une charrette qui le précède de se ranger pour lui laisser le passage.

Bon gnamegname, bon manger. Onomatopée.

Perce éne citron dans çatenis, exprimez le jus d'un citron dans le chatenis. *Percé* pour presser.

Vous gamélle sale, lésse dileau trempé làdans, votre gamelle est sale, « laissez de l'eau tremper dedans ». C'est une hypallage amusante.

Grand bomatin, coq çanté, de grand matin, au chant du coq.

Li néque moulé, il ne fait que moudre (manger avidement), il ne fait que tordre et avaler.

Li zéné coment couroupas làhaut lasabe, il est gêné comme un colimaçon sur le sable.

Lédents blanc, léquére noir, les dents blanches, le cœur noir. Il a l'air de vous vouloir du bien, il ne vous veut que du mal.

Baba là trop guélé, batte li pour fére li pé, cet enfant crie trop, battez-le pour le faire taire. Le français a l'interjection Paix ! pour silence ! le créole a fait de « paix » un synonyme de « se taire » : *Quand grand dimounes causé, pitits doite pé,* quand les grandes personnes parlent, les enfants doivent se taire.

Li borde enpendant, il est au bord, suspendu. Il branle dans le manche; il est au bord du fossé.

Hé wous! éne blanc marce dans caléce çà! Eh vous! c'est un blanc qui marche en voiture, çà! soyez respectueux.

Ene causé cabri cornes cassé, un quiproquo, un coq-à-l'âne; mot à mot, une conversation de cabri qui a les cornes cassées.

Napas tini qui li tini, ce n'est pas tenir ce qu'il tient; de même *Napas vané qui li vané,* ce n'est pas courir ce qu'il court; c'est une ellipse, au lieu de *Napas apéle vané ça qui li vané,* ça ne s'appelle pas courir!

Ene batchiara, un entremetteur; mot indien entré dans la langue.

NOTE I. — Si nous avions à donner un vocabulaire complet de tous les mots que peut porter la phrase créole, nous devrions élargir singulièrement notre cadre; mais sans prétendre à énumérer tous les termes étrangers qui ont plus ou moins cours parmi notre population créole, nous indiquerons sommairement quelques-uns de ces mots exotiques dont plusieurs sont connus de tous, et les autres du plus grand nombre; le lecteur en saisira mieux le caractère cosmopolite de notre patois.

D'abord « of course », des mots anglais, de jour en jour plus nombreux : « ticket, policeman, watchman, jockey, wagon, régates », dont la plupart du reste sont naturalisés français, sans compter tous les noms de monnaies : « roupie, *sélin*, shilling, sixpence », etc., etc.

Des mots indiens en grand nombre, dont quelques-uns comme « chocra », jeune garçon indien ; « bibi », femme indienne ; « dobi », blanchisseur ; « bacsisse », pourboire, sont d'un emploi universel ; joignons-y « capra », vêtement ; « sirdar », chef de bande, et son féminin « sirdarine » ; « lota », vase en cuivre ; « saheb », monsieur ou seigneur, etc., etc.

Quelques mots arabes : « salam » *, salut, au sens de bonjour comme au sens d'adieu ; « laloi », gâteau fait de lait de chamelle et de miel.

Deux zoulous : « kalipa », brave en zoulou, en créole bien mis, le français connaît ce second sens du mot brave ; « djoubané », danser, sauter, en zoulou se démener, se dépêcher.

---

* Nous le retrouvons à Madagascar en 1658.

Le malais et le chinois nous ont envoyé nombre d'arbres et de fruits avec leurs noms. Citons, à titre d'anecdote, le juron chinois « titimayelo » ? Nos petits noirs, en dispute avec un Chinois, ne le nomment pas autrement ; le nom de paix est « camela », camarade.

Nombre de mots malgaches, que nous avons pour la plupart signalés au passage : « mangouate», nom d'un coquillage bivalve, en malgache, mangouate, bâiller ; « mandingue », mensonge ; « maouli », endormi, lourd, pesant ; « cabare », nouvelle en malgache, ici conférence, meeting ; « lamba », harde, linge en malgache, ici châle venant de Madagascar ; « mavouzou », paresseux, et par extension, un homme commun et grossier ; « matoutou », sale ; « macote », sale en malgache, ici sans sou ni maille, déguenillé ; « tandrac », espèce de taupe rousse, le créole l'appelle aussi *tangue ;* « mamou », ivre ; « houritte », espèce de sèche, de pieuvre ; « mahoula », paresseux ; « vangassaye », espèce de petite orange acide, en malgache « vouangassaye », etc., etc.

Enfin des mots venus du Mozambique, et sans doute d'autres régions africaines encore ; mais dont la pénurie de nos bibliothèques ne nous permet pas d'indiquer la provenance.

Note 2. — *To va moule to maïe*. Tu moudras ton maïs.

Cette expression pourrait provenir d'une vieille coutume du « temps margoze ».

Lorsqu'un jeune homme voulait épouser une jeune fille, il se rendait auprès de la mère, et le dialogue suivant s'engageait entre eux :

Bonsoir, grandmaman. — Bonsoir, mo pitit. Qui
Bonsoir, grand'maman. — Bonsoir, mon enfant.
vous bisoin, mo pitit? — Ah! grandmaman, mo
Que voulez-vous, mon enfant? — Ah! grand'ma-
voulé cause quiqueçose av vous. — Qui çaça, mo
man, je veux vous dire quelque chose. — Qu'est-ce,
pitit? causé, mo tendé. — Ah! grandmaman, mo
mon enfant? parlez, j'entends. — Ah! grand'ma-
content ous pitit-là! — Coment, mo pitit, ous con-
man, j'aime votre fille! — Comment, mon enfant,
tent mo pitit! — Oui, grandmaman, mo content
vous aimez ma fille!— Oui, grand'maman, je l'aime
li même! — Ous capave çarié dileau, mo pitit?
même! — Pouvez-vous charroyer de l'eau, mon
— Oui, grandmaman, mo capave. — Dileau là
enfant? — Oui, grand'maman, je le puis. — Cette
li loin, oui! — Narien, grandmaman, qui a fére?
eau-là est loin, oui! — Ça ne fait rien, grand'ma-
— Ous capave casse dibois? — Oui, grandmaman,

man, qu'y faire? — Pouvez-vous fendre du bois?
— Oui, grand'maman, je le puis. — Ce bois-là est
rude à fendre, oui! — Ça ne fait rien, grand'maman, qu'y faire? — Pouvez-vous râper le magnoc?
— Oui, grand'maman, je le puis. — Eh vous! ce
magnoc-là est difficile à râper, oui! — Ça ne fait
rien, grand'maman, qu'y faire? — Pouvez-vous
moudre le maïs, mon enfant? — Oui, grand'maman, je le puis. — Eh vous! mon enfant, ce maïs-
là est dur, oui! — Ça ne fait rien, grand'maman,
qu'y faire. Tout ce que vous me direz, je le ferai;
j'aime votre fille.

ma capave. — Dibois là réde pour cassé, oui! —
Narien, grandmaman, qui a fére? — Ous capabe
râpe mayôc? — Oui, grandmaman, mo capabe.
— Eh ous! mayôc là lapéne pour râpé, oui! —
Narien, grandmaman, qui a fére? — Ous capabe
moule maïe, mo pitit? — Oui, grandmaman, mo
capabe. — Eh ous! pitit; maïe là li dir, oui! —
Narien, grandmaman, qui a fére? Tout céque
ous a dire moi, mo a fére; mo content vous pitit.

Après cela, le prétendant était mis à l'épreuve.
Aussi longtemps que durait sa cour, il charroyait,
fendait, râpait et moulait; et, sa constance bien
démontrée, notre Jacob enfin possédait sa Rachel.

SIRANDANES.

Nous demandons à nos lecteurs français de nous pardonner ce qui suit : c'est à nos compatriotes fixés en France que nous avons surtout songé en colligeant nos trop nombreuses sirandanes. Il nous souvient des treize années que nous avons passées loin du pays ; quelle saveur exquise nous aurions trouvée au plus contestable de nos fruits ! une vavangue, une roussaille, voire une carambole ; quel délice ! Mais comme ce serait là, nous en convenons, un pauvre régal pour des palais européens, il y allait de notre probité de le dire.

Dileau diboute ? — *Canne.*
De l'eau debout ? — Une canne à sucre.
Dileau en pendant ? — *Coco.*
De l'eau suspendue ? — Un coco.
Pitit batte manman ? — *Lacloce.*
L'enfant bat la mère ? — Une cloche.
Boidebéne dans dileau ? — *Zauguïe.*
Du bois d'ébène dans l'eau ? — Une anguille.
Cinque brances dans dileau ? — *Zouritte.*
Cinq branches dans l'eau ? — Une houritte.
Dé vannes dériére montagne ? — *Zoréyes.*

Deux vans derrière une montagne ? — Les oreilles.

Mo lesprit par dériére ? — Navire àcause so gouvernail.

Mon esprit est par derrière ? — Un navire à cause de son gouvernail.

Baïonétte par dériére ? — Mouce jaune.

Baïonnette par derrière ? — Une guêpe.

Pariaca dans dileau ? — Madameséré.

Mouchoir à carreaux dans l'eau ? — Une dame-céré.

Manze par vente, rende par lédos ? — Rabot.

Qu'est-ce qui mange par le ventre et rend par le dos ? — Un rabot.

Poule ponde dans raquettes ? — Lalangue.

Une poule pond dans les raquettes ? — La langue.

Guéle dans guéle, sette lapattes, quate zoréyes ? — Licien manze dans marmite.

Gueule dans gueule, sept pattes, quatre oreilles ? — C'est un chien qui mange dans une marmite.

Cabinéts, cabinéts zisqu'à dans fétaze ? — Bambou.

Des cabinets, des cabinets jusqu'au faitage ? — Un bambou.

Mo cone éne mamzelle li manze so tripes, li boire so disang ? — Lalampe.

Je connais une demoiselle qui mange ses intestins et boit son sang ? — Une lampe.

Ptit bonhome, grand çapeau ? — Çampion.

Petit bonhomme, grand chapeau ? — Un champignon.

Mo éna éne banne ptit bonhomes : zour zaute féte zautes tout habille en rouze ? — Piments.

J'ai une bande de petits bonshommes : le jour de leur fête ils sont tous habillés de rouge ? — Les piments.

Qui ti bouir prémier marmite dans péye Maurice ? — Difé.

Qui a fait bouillir la première marmite à Maurice ? — Le feu.

Quate pattes monte làhaut quate pattes; quate pattes allé, quate pattes resté ? — Licien làhaut cése.

Quatre pattes montent sur quatre pattes ; quatre pattes s'en vont, quatre pattes restent ? — Un chien sur une chaise.

Béf crié dans milié dé montagnes ? — So toussé éne doumounde gros lazoues.

Un bœuf crie entre deux montagnes ? — La toux d'une personne qui a de grosses joues.

Manze noir, rende rouze ? — Fisi.

Qui mange noir et rend rouge ? — Un fusil.

Mo bassin li séc, métte éne la paille libordé ? — Lizié.

Mon bassin est sec, mettez-y une paille, il déborde ? — L'œil.

Tambour lor enbas latére? — Safran.

Tambour d'or sous la terre? — Le safran.

Serpent marcé, lésse so dizéfs? — Ziraumon.

Le serpent marche, il laisse ses œufs? — Le giraumon.

Mo envôye éne lette, mo cône lhére décacétte li? — Lhameçon.

J'envoie une lettre, je sais quand on la décachette? — Un hameçon.

Mo gagne éne çouval, mo beau fréme li dans léquirie so laquée touzours dohors? — Lafimée.

J'ai un cheval, j'ai beau l'enfermer dans l'écurie, sa queue est toujours dehors? — La fumée.

Mo lacase endans peintire en zaune, en dohors peintire en blanc? — Dizéf.

Ma maison à l'intérieur est peinte en jaune, en dehors elle est peinte en blanc? — Un œuf.

Lacorde marcé, béf dourmi? — Ziraumon.

La corde marche, le bœuf se couche? — Giraumon.

Brédes sonze dans dileau? — Gouramié.

Brèdes songes dans l'eau? — Un gourami.

Mo lacase peintire en zaune, endans mo éna éne banne ptits mazambiques? — Papaye mîr.

Ma maison est peinte en jaune, à l'intérieur j'ai une bande de petits mozambiques? — Une papaye mûre.

Mo misire éne latouéle zamés mo trouve so lafin ? — Mo marce dans grand cimin.

Je mesure une toile dont je ne trouve jamais la fin ? — Je marche sur le grand chemin.

Asoir mo trouve éne banne lagrains dans mo lapléne ; lhére mo lévé mo naplis trouve zautes ? — Zétoiles.

Le soir je vois une quantité de graines dans ma plaine ; quand je me réveille, je ne les vois plus ? — Les étoiles.

Qui ça Moussié là qui améne so lacase làhaut so lédos ? — Couroupas.

Quel est le monsieur qui porte sa maison sur son dos ? — Le colimaçon.

Nhabit napas quilotte ? — Cancarlat.

Un habit, point de culottes ? — Un cancrelat.

Mo lacase plein lafenétes, éne laporte ? — Lédé coude.

A ma maison beaucoup de fenêtres, une porte ? — Un dé à coudre.

Mo éna disse ptit bonhomes, tout zautes latéte blanc ? — Zongues.

J'ai dix petits bonshommes, ils ont tous la tête blanche ? — Les ongles.

Quate pilé, éne vané ? — Couval pousse mouces : so lipieds pilé, so laquée vané.

Quatre pilent, un vanne ? — Cheval qui chasse les mouches : ses quatre pieds pilent, sa queue vanne.

Mo noir dans mo bonhére, mo rouze dans mo malhére ? — Cévrétte.

Je suis noir dans mon bonheur, je suis rouge dans mon malheur ? — Une chevrette.

Mo rouze dans mo bonhére, mo noir dans mo malhére ? — La grain café.

Je suis rouge dans mon bonheur, je suis noir dans mon malheur ? — Un grain de café.

Blanc dans guinée ? — Douriz dans marmite.

Du blanc dans du très-noir ? — Le riz dans la marmite.

Maman guinée zoué viélon, tout ptits blancs dänsé ? — Marmite douriz làhaut difé.

Maman guinée joue du violon, tous les petits blancs dansent ? — La marmite de riz sur le feu.

Mamzélle làhaut cimin, tout doumounde qui passé embrasse so labouce ? — Lapompe.

Mademoiselle est sur le chemin, tous ceux qui passent embrassent sa bouche ? — Une fontaine.

Mo éna éne barique av dé qualités dileau ? — Éne dizéf.

J'ai une barrique avec deux espèces d'eau ? — Un œuf.

Courone dans mo latéte, zéprons dans mo lipieds mo léroi dans basse cour, mé mo napas léroi? — *Cóq.*

Une couronne sur ma tête, des éperons à mes pieds, je suis roi dans la basse-cour, mais je ne suis pas roi? — Un coq.

Coupe mo vente, ous a gagne mo trésor? — *Éne grénade.*

Coupez mon ventre, vous aurez mon trésor? — Une grenade.

Tapis lareine touzours ouvert, zamés plié? — *Grand cimin.*

Le tapis de la reine toujours ouvert, jamais plié? — Le grand chemin.

Mo éna lacase, asoir li vide, lazournée li plein? — *Soulié.*

J'ai une maison, le soir elle est vide, le jour elle est pleine? — Un soulier.

So rôbe mô grandmaman azoute azouté boute en boute? — *Létoit bardeaux.*

La robe de ma grand'maman est rapiécetée d'un bout à l'autre? — Un toit de bardeaux.

Mo lacase tout en bardeaux, endans éne banne ptit mazambiques habille en blanc? — *Zatte.*

Ma maison est toute en bardeaux, à l'intérieur une bande de petits mozambiques vêtus de blanc? — Une atte.

Mo zètte li blanc, li tombe zaune ? — *Dizéf.*

Je le jette blanc, il tombe jaune ? — Un œuf.

Rente par laporte, sourti par lafenéte ? — *Possons dans laséne.*

Entrer par la porte, sortir par la fenêtre ? — Les poissons dans la seine.

Mété, lévé, tapé ? — *Saye souliers néf.*

On met, on se lève, on tape ? — Essayer des souliers neufs.

Ménace doumoune, napas causé ? — *Lédoigt.*

Je menace, je ne parle pas ? — L'index.

Boidebéne làhaut rempart ? — *Moustace.*

Du bois d'ébène sur un rempart ? — La moustache.

Pitit crase manman ? — *Laroce cari.*

L'enfant écrase la mère ? — La pierre à broyer le safran pour le cari.

Pitit pile manman ? — *Bâton pilon.*

L'enfant pile la mère ? — Le pilon pile le mortier.

Qui lalangue qui zamés té menti ? — *Lalangue zanimaux.*

Quelle est la langue qui n'a jamais menti ? — La langue des animaux.

Mo grandmaman zamés oulé dourmi làhaut so natte, li quitte so natte li dourmi par tére ? — *Ziraumon.*

Ma grand'maman jamais ne veut se coucher sur sa natte, elle laisse sa natte et se couche par terre ? — Le giraumon.

Mo zétte mo mouçoir dans dileau, zamés mo capave mouille li ? — Feille sonze.

Je jette mon mouchoir dans l'eau, jamais je ne peux le mouiller ? — Une feuille de songe.

Lhére mo encoléré, mo vomi difé ? — Canon.

Quand je suis en colère, je vomis du feu ? — Un canon.

Attrape li mo alle çace l'aute ? — Ça méme lamain dire av labouce lhére aprés manzé.

Attrape-le, je vais en chercher d'autre ? — C'est là ce que la main dit à la bouche quand on mange.

Mo guétte li, li guétte moi ? — Laglace.

Je le regarde, il me regarde ? — Un miroir.

Éne banne sale, éne banne prope ? — Latére av léciél.

Une bande sale, une bande propre ? — La terre et le ciel.

Quaméme fére çaud, mo touzours frés ? — Lézard.

Quand même il fait chaud, je suis toujours froid ? — Un lézard.

Ça banane là, mo beau manzé zamés mo capabe fini li ? — Grand cimin.

Cette-banane là, j'ai beau manger, jamais je ne peux la finir ? — Le grand chemin.

Pitit noir batte grand noir ? — Piment.

Le petit noir bat le grand noir ? — Le piment.

Mo alle lavente, mo acéte plein noirs, mo tourne lacase, mo servi zautes néque éne éne ? — Éne paquét gouïes.

Je vais à la vente, j'achète beaucoup d'esclaves, je retourne à la maison, je ne les emploie qu'un par un ? — Un paquet d'aiguilles.

Mille tourous dans éne tourou ? — Lédé coude.

Mille trous dans un trou ? — Un dé à coudre.

Tout mo camrades enbande av moi, mo allé, zautes resté ? — Posson maillé dans lhameçon.

Tous mes amis m'entouraient en foule, je pars, ils restent ? — Le poisson pris à l'hameçon.

Cote mo allé li sivré moi ? — Mo lombe.

Où je vais, elle me suit ? — Mon ombre.

Éna quate fréres, dé grand dé pitit ; zautes tout galpé ensembe ; pitit divant, zamés grand capabe gagne zautes ? — So quate laroues éne caléce.

Il y a quatre frères, deux grands, deux petits ; tous courent ensemble ; les petits sont toujours devant, jamais les grands ne peuvent les dépasser ? — Les quatre roues d'une voiture.

Dé fours campagne dans milié lapléne ? — Tourous nénez.

Deux fours de campagne au milieu d'une plaine ?
— Les narines.

Lapeau mort condire vivant ? — Souliers.

Une peau morte conduit un vivant ? — Des souliers.

Mo alonze li li alonze* moi ? — Natte.

Je l'allonge, elle m'allonge ? — Une natte.

Figuire éne zenfant caciette enbas labarbe éne bonhome ? — Coco.

Une figure d'enfant se cache sous la barbe d'un vieillard ? — Un coco.

Tout soldats mo réziment nhabits vért bonéts rouze ? — Framboises.

Tous les soldats de mon régiment ont l'habit vert et le bonnet rouge ? — Les framboises.

Éne bande béfs làhaut montagne, zautes manze roces zautes quitte lhérbe ? — Lipoux.

Un troupeau de bœufs sur la montagne, ils mangent les roches ils laissent l'herbe ? — Les poux.

Mo ena cinque ptit bonhomes, dé baingné trois guété ? — Mouce nénez av lédoigts.

J'ai cinq petits bonshommes, deux se baignent, trois regardent ? — Se moucher avec les doigts.

---

* *Li alonze moi*, elle me reçoit tout de mon long.

Zamés mo té capabe trouvé ça qui gagné dériére mo lacase? — Mo dériére latéte.

Jamais je n'ai pu voir ce qu'il y a derrière ma maison? — Le derrière de ma tête.

Mo dé ptit bonhomes marce ensembe, çaquéne so tour divant? — Mo lipieds.

Mes deux petits bonshommes marchent ensemble, chacun à son tour est devant? — Mes pieds.

Trois ptits noirs guette vente zaute manman bourlé? — Lipieds marmite.

Trois petits noirs regardent brûler le ventre de leur maman? — Les pieds d'une marmite.

Tambour dansé dans milié so la cour? — Dinde.

Un tambour danse au milieu de sa cour? — Un dindon.

Quate noirs aporte éne gros noir; quate noirs napas transpiré, gros noir qui transpiré? — Boudin làhaut gri.

Quatre noirs portent un gros noir; les quatre noirs ne transpirent pas, c'est le gros noir qui transpire? — Un boudin sur un gril.

Mo lacase endans peintire en rose, en dohors peintire en vert av éne banne ptit mazambiques làdans? — Moulondeau.

Ma maison en dedans est peinte en rose, en dehors elle est peinte en vert avec une bande de petits mozambiques à l'intérieur ? — Un melon d'eau.

Moulin marcé quate fois par zour ? — Labouce.

Le moulin qui marche quatre fois par jour ? — La bouche.

Tambour divant, pavillon dériére ? — Licien: so labouce zapé, so laquée diboute.

Tambour devant, pavillon derrière ? — Un chien : sa gueule aboie, sa queue est dressée.

Enne banne mamzélles dans bitation, tout zaute in ze diciré diciré ? — Pieds banane: touzours zautes freilles dicié.

Une foule de petites demoiselles dans l'habitation, tous leurs vêtements sont en guenilles ? — Les bananiers : leurs feuilles sont toujours déchirées.

Sicoupe dans dileau ? — Laline.

Une soucoupe dans l'eau ? — La lune.

Mo marcé li marcé, mo arété li marcé ? — Mo monte.

Je marche, elle marche; je m'arrête, elle marche? — Ma montre.

Mo bonnefanme à côte li passé lésse so lacrace ? — Couroupas.

Ma bonne femme où elle passe laisse sa salive ? — Un colimaçon.

Môrs condire vivant? — So mors çouval.

Le mort conduit le vivant? — Le mors du cheval.

Mo éna éne zarbe, quand li éna feilles li napas racines, quand li éna racines li napas éna feilles?— Navire.

J'ai un arbre, quand il a des feuilles, il n'a pas de racines; quand il a des racines, il n'a pas de feuilles? — Un navire.

Zautes fére éne pitit tourne làhaut vente so manman risquà li vomi; son vomi nous manzé? — Moulin maïe.

On fait tourner un petit sur le ventre de sa maman jusqu'à ce qu'elle vomisse; ce qu'elle vomit, nous le mangeons? — Un moulin à maïs.

Ça qui mo fine trouvé, Bondié napas fine trouvé? — Mo fine trouve mo méte, Bondié napas fine trouve pour li.

Ce que j'ai trouvé, Dieu ne l'a pas trouvé? — J'ai trouvé mon maître, Dieu n'a pas trouvé le sien.

Quate pattes làhaut quate pattes aspére quate pattes; quate pattes napas vini, quate pattes allé, quate pattes resté? — Çatte làhaut çése aspére lérat; lérat napas vini, çatte allé, cése résté.

Quatre pattes sur quatre pattes attendent quatre

pattes ; quatre pattes ne viennent pas, quatre pattes s'en vont, quatre pattes restent ? — Un chat sur une chaise attend un rat ; le rat ne vient pas, le chat s'en va, la chaise reste.

Éne fou, dé sec, dé mou, quate roule dans laboue ? — Éne vace: so laquée fou, so cornes sec, so zoréyes mou, so lipieds dans laboue.

Un fou, deux secs, deux mous, quatre roulent dans la boue ? — Une vache : sa queue est folle, ses cornes sèches, ses oreilles molles, ses pieds sont dans la boue.

Boutéye endans, divin dohors ? — Zanblongue.

La bouteille en dedans, le vin en dehors ? — Un jamlong.

Casse bancal dans bord canal ? — Gournouïes.

Des boiteux au bord d'un canal ? — Des grenouilles.

Tambour larzent enbas latère ? — Zinzembe.

Tambour d'argent sous la terre ? — Le gingembre.

Tapis mo grandppâ plein pinaises ? — Léciel av zétoiles.

Le tapis de mon grand-père est plein de punaises ? — Le ciel et les étoiles.

Tabaquière mo grandppâ touzours crié ? — Monte.

La tabatière de mon grand-père crie toujours ?
— Une montre.

Mo grandmmân fére éne pont, li tout sél capabe passe làhaut là ? — Zergnée.

Ma grand'maman fait un pont, elle seule peut passer dessus ? — Une araignée.

Quand mo laporte ouvert li fermé, quand li fermé li ouvert ? — So laporte éne cimin qui passe làhaut lérails.

Quand ma porte est ouverte, elle est fermée; quand elle est fermée, elle est ouverte ? — La porte d'un chemin qui coupe les rails à niveau.

Vivants napas causé, morts causé ? — Barvades.

Les vivants ne parlent pas, les morts parlent ? — Les embrevades.

Mo marce dans éne ptit cimin, zamés mo va posé, zamés mo va tourné ? — Larivière.

Je marche dans un petit chemin, jamais je ne m'arrêterai, jamais je ne reviendrai sur mes pas ? — Une rivière.

Tout so noirs mo papa zautes lipieds torte ? — Liciens fisi.

Tous les noirs de mon papa ont les pieds tordus ? — Les chiens de fusil.

Mo éna éne grand bande marmaille; soléye lévé zautes caciéte, soléye coucé zautes sourti ? — Zétoiles.

J'ai une grande bande de marmaille ; le soleil se lève, ils se cachent ; le soleil se couche, ils paraissent ? — Les étoiles.

Li éna lédents li napas labouce, li capabe manze lanouite lézour sans posé ? — Lascie.

Elle a des dents, elle n'a pas de bouche, elle peut manger jour et nuit sans se reposer ? — Une scie.

Brédes dourmi ? — Ziraumon.

Brèdes couchées ? — Giraumon.

Brédes galpé ? — Iéve.

Brèdes qui courent ? — Lièvre.

Touzours li manzé zamés li avalé ? — Moulin cannes.

Il mange toujours, il n'avale jamais ? — Un moulin à cannes.

So lésprit mo ptit noir dans so nénez ? — Licien.

L'esprit de mon petit noir est dans son nez ? — Un chien.

Touzours li marce latéte enbas ? — Coulou soulier.

Toujours il marche la tête en bas ? — Un clou de soulier.

Lhére mo alle baingne lariviére mo lésse mo tripes lacase ? — Latoéle matelas.

Quand je vais me baigner à la rivière, je laisse mes entrailles à la maison ? — La toile d'un matelas.

Lhére mo alle larivière mo çanté, lhére mo tourné mo ploré ? — Barique galére.

Quand je vais à la rivière, je chante; quand j'en reviens, je pleure ? — Un barillet.

Mo boire dileau àcause napas dileau ? — Navire tombe au séc.

Je bois parce qu'il n'y a pas d'eau ? — Un navire tombé au sec.

Si zautes vini zautes napas va vini, més si zautes napas vini zautes va vini ? — Doumounde plante pitits pois : li pére pizons vine manzé.

S'ils viennent, ils ne viendront pas; mais s'ils ne viennent pas, ils viendront ? — Un homme qui plante des petits pois : il a peur que les pigeons ne viennent les manger.

Tourou sans fond ? — Bague.

Trou sans fond ? — Une bague.

Mo dibouté li alonzé, mo alonzé li dibouté ? — Lipied doumoune.

Je suis debout, il s'allonge; je m'allonge, il est debout ? — Le pied.

Mo éna éne ptit noir quâna pas métte li so langouti li napas travaille ? — Gouïe bisoin difile pour coude.

J'ai un petit noir, quand on ne lui met pas son langouti, il ne travaille pas ? — L'aiguille a besoin de fil pour coudre.

Mo lacase éna belbel couvertire, més éne poteau méme qui tini li ? — *Parasol.*

Ma maison a une belle couverture, mais un seul poteau qui la retienne ? — Un parasol.

Mo lacase longue longue, tout so laçambes rond et partaze en longuére ? — *Bambou.*

Ma maison est très-longue, toutes les chambres sont rondes et distribuées dans la longueur ? — Un bambou.

Mo éna éne qualité comandére qui touzours mort sembe so fouéte làhaut so zépole ? — *Lérat touzours mort av so laquée.*

J'ai une espèce de commandeur qui meurt toujours avec son fouet sur l'épaule ? — Le rat meurt toujours avec sa queue.

Mo éna éne lacase, quand mo fine ouvért li, zamés mo capave fréme li encôre ? — *Bigorneau.*

J'ai une maison, quand je l'ai ouverte, je ne puis jamais plus la refermer ? — Un bigorneau.

Cicot dans milié lapléne ? — *Lombri.*

Un chicot au milieu d'une plaine? — Le nombril.

Dans tout lacases so place mo bonnefemme diboute dans coin ? — *Balié.*

Dans toutes les maisons la place de ma bonne femme est d'être debout dans un coin ? — Un balai.

Mo zétte laséne, mo léve éne gros posson, més moi tout séle qui a manze li? — Mo fanme.

Je jette la seine, je relève un gros poisson, mais je serai seul à le manger? — Ma femme.

Éna éne mamzélle, li sivré moi partout més zamés mo capabe embrasse li? — Mo lombe.

Il y a une demoiselle, elle me suit partout, mais jamais je ne puis l'embrasser? — Mon ombre.

Blanc napas capabe travaille sans noir? — Plime bisoin lenque.

Le blanc ne peut travailler sans le noir? — La plume a besoin d'encre.

Mo çaud mo napas transpiré, mo frés mo transpiré? — Gargouléttе.

J'ai chaud, je ne transpire pas; j'ai froid, je transpire? — Une gargoulette.

Mo zétte li en lére li tombe en bas, mo zétte li enbas li monte en lére? — Boule lastique.

Je la jette en l'air, elle tombe à terre; je la jette à terre, elle monte en l'air? — Une balle élastique.

Mo touffe li, li touffe moi? — Ladoulère.

Je l'étouffe, elle m'étouffe? — La douleur.

Pavé làhaut, pavé enbas? — Tourtie.

Pavé en haut, pavé en bas? — Une tortue.

Latére blanc, lagrains noir? — Papier sembe lécritire.

La terre est blanche, la semence noire? — Le papier et l'écriture.

Lamain sémé, liziés récolté? — Crire av lire.

La main sème, les yeux récoltent? — Écrire et lire.

Longue labarbe, courte laquée? — Cévrétte.

Longue barbe, courte queue? — Une « chevrette », crevette.

Plonzé, lévé, séc? — Feille sonze.

Je la plonge, je la retire de l'eau, elle est sèche? — Une feuille de songe.

Mo envóye mo ptit noir comission, zamés li tourné? — Couderoce.

J'envoie mon petit noir en commission, il ne revient jamais? — Une pierre.

Asoir li promné partout, grandzour so latéte en bas, so lipieds en lére? — Soursouris.

Le soir elle se promène partout, pendant le jour elle a la tête en bas, les pieds en l'air? — Une chauve-souris.

Mo grandmanman li beau fére nattes tout so pitits dourmi partére? — Ziraumon.

Ma grand'maman a beau faire des nattes, tous ses petits enfants se couchent par terre? — Le giraumon.

Mo zoinde éne grande bande doumoune, quand

GRAMMAIRE.

mo loin zautes dire moi bonzour, quand mo proce zautes napas dire narien? — Gournoüies dans bôrd dileau.

Je rencontre une grande bande de gens; quand je suis loin, ils me disent bonjour; quand je suis proche, ils ne disent rien? — Les grenouilles au bord de l'eau.

Li éna quatorze pieds dipis so lécou zisqu'à dans so léreins; quand vous misire tout so lécorps li iéna néque éne pied dimi? — Homard*.

Il a quatorze pieds depuis le cou jusqu'aux reins; quand vous mesurez tout son corps, il n'a qu'un pied et demi? — Un homard.

Mo beau léve li enléré, li touzours bas? — Lébas.

J'ai beau le lever en l'air, il est toujours bas? — Un bas.

Si vous lavé pas, préte moi li; si vous lavé, napas prété? — Battoir.

Si vous ne lavez pas, prêtez-le; si vous lavez, ne le prêtez pas? — Un battoir.

Mo éna trois gros noirs qui travaille touzours ensembe, zamés zautes avancé zamés zautes arquilé? — Cylindes moulin.

---

* Cette ineptie et les deux suivantes ne sont rien moins que créoles: c'est par rancune que nous les citons.

J'ai trois gros noirs qui travaillent toujours ensemble, jamais ils n'avancent, jamais ils ne reculent? — Les cylindres d'un moulin.

*Li napas éna lavianne, so lézos làhaut so disang?
— Barique divin.*

Elle n'a pas de chair, ses os sont sur son sang? Une barrique de vin.

Mo louvraze zamés fini? — Ramasse vérres boutéye.

Mon ouvrage ne finit jamais? — Ramasser des tessons de bouteilles.

Iéna éne banne bébétes qui travaille dans méme lendroit, zautes tendé éne à l'aute, més zamés zautes capabe trouve zaute figuire? — Moutoucs.

Il y a une bande de petites bêtes qui travaillent dans le même endroit, elles s'entendent les unes les autres, mais jamais elles ne peuvent voir leur figure? — Les moutoucs.

Iéna éne banne mamzélles dans bôrd cimin, zautes tout latéte enbas? — Pieds banane.

Il y a une foule de demoiselles au bord du chemin, toutes ont la tête en bas? Les bananiers.

Mo envôye éne ptit noir comission, sitôt li fine gagne laréponse mo coné? — Lhamçon.

J'envoie un petit noir en commission, dès qu'il a eu la réponse, je le sais? — Un hameçon.

Mo éna boucoup lassiétes bien fin, zautes beau tombé, zamés cassé? — Feilles.

J'ai beaucoup d'assiettes bien fines, elles ont beau tomber, elles ne se cassent jamais? — Les feuilles.

Mo éna dé zoli bassins, çaquéne éne lilote dans milié, lherbe dans bord; quand zautes bordé vous trouve so dileau coulé çaquéne so coté, més canal qui fourni dileau dans bassins là vous napas capave trouvé? — Liziés.

J'ai deux jolis bassins, chacun a un îlot au milieu et de l'herbe au bord; quand ils débordent, vous voyez couler l'eau de chacun; mais le canal qui fournit l'eau à ces bassins, vous ne pouvez pas le voir? — Les yeux.

Pése mo vente wous a gagne bouillon? — Fisi.

Pesez mon ventre, vous aurez du bouillon? — Un fusil.

Mort porte vivant? — Pirogue.

Le mort porte le vivant? — Une pirogue.

Mo éna éne bassin, tout zozos qui vine boire làdans nôyé? — La lampe av papions.

J'ai un bassin, tous les oiseaux qui viennent y boire se noient? — La lampe et les papillons de nuit.

Mo beau pitit, mo fort? — Rotin.

J'ai beau être petit, je suis fort? — Un rotin.

Bonhome noir latéte rouze? — Boutéye divin.

Un bonhomme noir à tête rouge? — Une bouteille de vin.

Mo zozo éna néque éne lizié, et so lizié dans so laquée? — Poélon.

Mon oiseau n'a qu'un œil, et son œil est dans sa queue? — Un poêlon.

Li encore ptit ptit, déza lagale av li? — Margose.

Il est encore tout petit, il a déjà la gale? — Une margose.

Mo batte li li bâ moi, mo bâ li li batte moi? — Mo fanme.

Je bats, on m'embrasse; j'embrasse, on me bat? — Ma femme.

Longtemps mo lédoigt té enbas lombe, li comence bourlé dans grand soléye? — Pouce.

Jadis mon doigt était à l'ombre, il commence à brûler au grand soleil? — Le Pouce, montagne jadis très-boisée.

Ça qui ti voir li, napas li qui ti prend li; ça qui ti prend li, napas li qui ti manze li; ça qui ti manze li, napas li qui ti gagne baté; ça qui ti gagne baté, napas li qui ti crié; ça qui ti crié, napas li qui ti ploré? — Ptit noir féque coquin mangue: So liziés qui té voir, napas so liziés qui té prend; so lamain qui té prend, napas so lamain qui té manzé; so labouce qui té manzé, napas so labouce qui té gagne baté; so léreins qui té gagne baté, napas so léreins qui té crié; so labouce qui ti crié, napas so labouce qui ti ploré.

Celui qui l'a vu n'est pas celui qui l'a pris; celui qui l'a pris n'est pas celui qui l'a mangé; celui qui l'a mangé n'est pas celui qui a été battu; celui qui a été battu n'est pas celui qui a crié; celui qui a crié n'est pas celui qui a pleuré? — Un petit noir vient de voler une mangue : ses yeux ont vu, mais ses yeux n'ont pas pris; sa main a pris, mais sa main n'a pas mangé; sa bouche a mangé, mais sa bouche n'a pas été battue; ses reins ont été battus, mais ses reins n'ont pas crié; sa bouche a crié, mais sa bouche n'a pas pleuré.

Grand zoréyes, ptit liziés, lapeau verni? — *Soursouris.*

Grandes oreilles, petits yeux, cuir verni? — Chauve-souris.

Mo léve so cimise, mo trouve so civés; mo léve so civés, mo trouve so lédents; més napas so lédents qui pour manze moi, moi qui pour manze so lédents? — *Éne maïe.*

Je lève sa chemise, je vois ses cheveux; je lève ses cheveux, je vois ses dents; mais ce ne sont pas ses dents qui me mangeront, c'est moi qui mangerai ses dents? — Un épi de maïs.

Mo lasalle tapisse en rouze; éne banne ptit fautéyes blanc làdans; doméstique souye zautes av ciffon rouze? — Labouce, lédents av lalangue.

Mon salon est tapissé de rouge; dedans, beaucoup de petits fauteuils blancs; le domestique les essuie avec un chiffon rouge? — La bouche, les dents et la langue.

Ah bah! Msié, sirandanes fini! Langaze créole même napas ronflé coment longtemps. Malbars qui lacause ça: zautes fine foure zaute causé martins partout. Zautes qui comandé àçthére, zautes qui métes. Péye Maurice dans zaute lamains: latére pour zautes, dibois pour zautes, dileau même pouri av zaute capras. Zense là manze nous. Encôre! éne faye faye nation, éne nation tripes! Dans zaute peye,

Ah bah! Monsieur, les sirandanes sont finies. Le langage créole même ne résonne pas comme autrefois. Ce sont les Malabars qui sont cause de ça: ils ont fourré partout leur parler de martins. Ce sont eux qui commandent à présent, eux qui sont les maitres. Le pays de Maurice est dans leurs mains: la terre est pour eux, le bois est pour eux, l'eau même est pourrie par leurs capras. Ces gens-

éne grand grand bougue* péye, néque coq tout séle nous mangent. Encore ! un peuple de rien, un *qui gagne couraze ; larestant napas vaut éne piment.* peuple de tripes! Dans leur pays, un immense pays qui n'en finit plus, il n'y a que les coqs qui aient du courage ; tout le reste ne vaut pas un piment.

CONCLUSION.

Un mot pour conclure.

M. de Freycinet, dans la relation de son voyage à Maurice en 1818, insère une paraphrase créole de la fable : *le Lièvre et la Tortue,* et fait suivre sa citation de ces deux lignes : « Après un tel essai il est permis de concevoir la possibilité de reproduire en créole un grand nombre de morceaux de notre littérature. » Il nous coûte de nous inscrire en faux contre ce jugement ; mais loin qu'il nous soit permis d'admettre qu'on puisse mener à bien une telle reproduction, nous croyons que la pensée même de l'entreprendre ne saurait

---

* Le mot pour eux n'est point malsonnant : le plus respectueux le dit devant son maître ou sa maîtresse.

venir à un homme de sens. L'horizon est étroit autour de notre pauvre patois. Passe pour une excursion furtive au pays des contes ; mais toute velléité de le conduire ailleurs a été convaincue d'impuissance. On a plusieurs fois tenté de faire dire des vers à la Muse créole; force était alors de permettre à la pauvre fille de s'aider à chaque instant du mot français. Toutes ces tentatives peuvent être considérées comme non avenues : il serait aussi facile que peu intéressant de le démontrer pièces en mains.

Quant aux bardes à peau noire, veut-on en toute connaissance de cause juger de leur inspiration ? Nous ne prendrons pas au hasard dans notre recueil; par égard pour le lecteur nous choisirons dans mainte et mainte chanson quelques couplets heureux entre tous :

> Valé, Valé, préte moi ton fisi :
> Avlà l'oiseau prêt envolé.
> Si z'ai bonheir de touyé l'oiseau,
> Z'aurai d'arzent pour mon voyaze
>   En allant, en arrivant.

> Dériére cez nous y a dé zoli montagnes,
> Moi, mon amant nous monté zy souvent :
> En monté, Bondié qué dé peine !
> En dicendé pitit soulazément.

Ça mamzelle là, c'é pas pour mo croire,
Més li pince la guitar, c'é pour mo tendé;
Dans bois tourterelles
Napas la peine pour gagne mari.

Tellément mo content Zabella
Mo liziés collecolle av li,
Tellément mo content Zabella
Aïòh!
Mo liziés collecolle av li!!

Cela suffit de reste : le lecteur peut voir si nos gens s'affranchissent résolûment de toute espèce de prosodie. Tout cela est informe; et, de plus, la prétention d'atteindre à la langue poétique fait toujours et partout ce galimatias qui n'a plus aucun sens.

La littérature créole a sa devise toute faite :

« *Ptit lasoif, ptit coco.* »

www.ingramcontent.com/pod-product-compliance
Lightning Source LLC
Chambersburg PA
CBHW071137160426
43196CB00011B/1919